TUTTE LE STRADE PORTANO A ROMA

Carlo L. Golino
UNIVERSITY OF CALIFORNIA, RIVERSIDE

Illustrations by
Frederick Franck

HOLT, RINEHART AND WINSTON
New York Toronto London

Library of Congress Catalog Card Number: 67–13207

Printed in the United States of America
SBN : 03–073070–8

0123456 22 987654321

PREFACE

The principal aim of this book is to bring to the student of Italian a text which reflects more closely the reality of what Italy has been in the past and continues to be in the present.

Italy is a fascinating country and it has always had a tremendous attraction for the people of other nations. But this attraction has not been due to a particular secret or any magic formula with which to confront life. Rather Italy has, throughout the history of the West, always occupied a central position because of its particular approach to what remain basic and universal human problems. Indeed its fascination stems in part from the fact that these very problems have appeared in Italy with greater frequency and greater intensity than in other places on this earth. It seems therefore unfortunate always to portray this country as the rosy dream of travel agents or as the latest publicity gimmick of the chamber of commerce.

Dr. Franck's illustrations possess a dimension which goes deeper than either exact photographs or tourist posters of the best kind. The theme of these pictures is Rome and I have tried in this book to show how central Rome has been to what is commonly called Italian history or Italian culture. In this new approach, I believe, the book is novel and I hope that it will prove to be a valuable contribution to Italian studies in this country. I have attempted, wherever possible, to make Italy intelligible to the American student in terms of his own experiences in the context of his culture and society.

The book is intended for second year college students or for third or fourth year high school students. The text is direct and clear if not always simple. An ample vocabulary has been provided and a sufficient number of questions for each chapter to get class discussions going. I hope that, aside from its use as a reader, this book can serve for a wider and deeper presentation of Italy in class, either by additional remarks from the teacher or through discussion. What I have offered is merely a starting point for the teacher, who is the only one who can complete the task in the classroom.

Carlo L. Golino

CONTENTS

Tutte le strade portano a Roma

1

Roma, città eterna

Tutte le strade portano a Roma è un detto popolare che succintamente e semplicemente indica il carattere di questa città unica al mondo. Quando Roma era il centro di un impero che comprendeva gran parte del mondo conosciuto, questa espressione poteva essere presa veramente alla lettera. I Romani furono grandi costruttori di strade e le loro reti stradali si spingevano fino ai più remoti angoli dell'impero. Da qualsiasi angolo un viaggiatore partisse, la via che seguiva aveva invariabilmente un'ultima e finale destinazione: Roma. Tutte le strade convergevano su Roma in un sistema così ben concepito topograficamente che esso continua a sopravvivere anche oggi. Infatti il sistema di autostrade moderne che si è venuto costruendo in Italia negli ultimi venti anni segue in gran parte le vie dell' antica rete stradale romana. Nei tempi antichi si arrivava a Roma attraverso sei principali strade che

formavano le principali arterie di tutto il sistema stradale. Queste strade rimangono ancora in esistenza dentro e fuori di Roma e, partendo da Roma, sono le seguenti:

Via Latina verso il sud e la Campania attraverso i Colli Albani.

Via Appia verso il sud lungo la costa tirrena, poi in due principali suddivisioni, una verso Brindisi e Taranto, e una verso Reggio Calabria.

Via Salaria verso il nord attraverso gli Appennini centrali.

Via Flaminia verso il nord-est attraverso la penisola fino alla costa adriatica a Fano, continuando poi con la via Emilia fino a Piacenza.

Via Aurelia attraverso l'antica Etruria fino a Pisa e Genova.

Via Cassia verso il nord attraverso l'Etruria.

Vediamo dunque che l'espressione "tutte le strade portano a Roma" può di fatto essere presa letteralmente. Ma l'espressione ha anche un significato figurato, non letterale, che vuole indicare che nella nostra vita giornaliera, nella nostra storia, nella nostra cultura, o prima o poi dobbiamo sempre fare i conti con Roma. Per spiegare le nostre origini, le nostre istituzioni, le nostre abitudini, le nostre credenze, insomma quello che chiamiamo la nostra civiltà, bisogna pensare a Roma. Le lingue parlate dai popoli occidentali sono o di origine diretta dal latino o sono state profondamente influenzate dal latino. L'inglese, per esempio, non è una lingua latina eppure più del sessanta per cento delle sue parole derivano direttamente o indirettamente dal latino. Le principali lingue romanze, ossia il francese, lo spagnolo, l'italiano e il portoghese, sono state definite forme del latino come esso viene parlato nel secolo ventesimo. Ogni volta che noi consultiamo il calendario ci serviamo di un'invenzione romana, sebbene modificata attraverso i secoli. Quando impariamo a leggere e a scrivere, l'alfabeto romano è lo strumento che dobbiamo imparare ad usare. Il nostro sistema di leggi con tutte le modificazioni che ha subito attraverso i secoli si basa sui concetti e principi legali sviluppati dai romani. Le nostre credenze religiose sono legate al nome di Roma che anche oggi rimane la sede di una delle più importanti religioni del mondo occidentale.

Ma anche nelle piccole cose della vita giornaliera troviamo Roma ed il suo nome costantemente presenti. Se apriamo un dizionario, in qualsiasi lingua, sotto le lettere *rom-* troviamo un numero ragguardevole di parole comunissime, che usiamo tutti i giorni, che sono derivate direttamente dal nome Roma. Eccone un breve elenco in italiano:

romanticamente	Romeo	romanticismo
romantico	romanesco	romanico
romancio	romanzo	Romania
Romagna	romanza	romano

Ma anche in altre lingue, per esempio in inglese, il numero di parole derivate dal nome Roma è anche più lungo. Se tracciamo la storia di queste parole, ci accorgiamo come il nome di Roma sia intimamente legato alla nostra vita di oggi. Per esempio prendiamo la parola "romeo". Originalmente questa parola era usata per indicare un pellegrino diretto verso il centro del mondo cristiano, cioè Roma. Poi si cominciò ad usare la parola come nome proprio maschile; e Romeo fu chiamato il giovane protagonista di una storia d'amore avvenuta a Verona, trascritta da Luigi da Porto nel Cinquecento e caduta nelle mani di Shakespeare che la rese immortale con il dramma *Romeo e Giulietta*. Oggi la parola Romeo ha un significato molto diverso da quello che aveva originalmente, ma la parola, nondimeno risale a Roma. Ancora un esempio: la parola "romanzo" e l'aggettivo che ne deriva "romantico." Tutte e due queste parole sono comunissime in tutte le lingue moderne occidentali; vediamo un po' quale è la loro storia. La parola "romanzo" in italiano oggi vuol dire storia fittizia, inventata dall'autore. La parola venne in uso nel medio evo per distinguere quelle storie che erano scritte non in latino ma nelle nuove lingue del mondo romano, ossia le lingue neolatine, che venivano appunto descritte come romanze. Siccome la maggior parte di queste storie erano, come abbiamo visto, inventate e molto spesso lontane dalla realtà, e quasi sempre storie di amore, la parola romanzo e l'aggettivo romantico presero il significato di invenzione fantastica in cui il sentimento dell'amore aveva una parte essenziale. Oggi queste due parole sussistono in quasi tutte le lingue moderne con significati più o meno diversi ma che sono nondimeno variazioni del significato originale.

I Romani chiamavano la loro città *caput mundi*, ossia il capo, la testa, o se vogliamo il centro del mondo. Noi moderni non usiamo più questa descrizione ma ne abbiamo adottata un'altra forse ancora più descrittiva e più piena di significato:

Roma, città eterna. Oggi noi sappiamo che il mondo esiste da milioni di anni. Parlare, dunque, di una città la cui storia risale a poco più di due mila anni fa come una città eterna, puo' sembrare un'esagerazione. Ma se consideriamo Roma e la sua storia nei limiti della storia del mondo occidentale, dobbiamo concludere che l'aggettivo "eterno" è ben trovato. Certo è impossibile trovare un'epoca di storia europea, e specialmente di storia italiana, in cui Roma non sia una forza ed un elemento essenziale. Anche nei suoi momenti di decadenza quasi assoluta, Roma è sempre rimasta viva come mito se non come realtà; come forza storica se non come forza immediata; come tradizione spirituale se non come fonte di soluzione di problemi pratici.

La descrizione "città eterna" ci sembra giusta per Roma perchè nella sua storia vi è un senso di continuità ininterrotta. Durante i secoli in cui Roma crebbe da un piccolo villaggio preistorico sulle rive del Tevere a centro di un vastissimo impero, essa sviluppò un concetto di ordine politico non mai eguagliato in nessun'altra civiltà. Il famoso storico di Roma, Gibbon descriveva l'impero romano, al culmine della sua potenza, come il più felice periodo nella storia dell'umanità. Questo fu il periodo caratterizzato dalla *pax romana*, la pace romana, che non è mai stata eguagliata, ma la cui essenza di ordine sociale e politico ha sempre continuato a vivere nella civiltà dell'occidente. Nelle sue conquiste Roma non costrinse mai con la forza i popoli vinti ad accettare le sue istituzioni. Roma non distruggeva le tradizioni culturali di questi popoli, e non introduceva l'uso del latino con la forza della sua superiorità militare. Invece Roma imponeva ai popoli vinti la pace romana, ossia la sua struttura politica, sociale e culturale. I popoli vinti potevano liberamente partecipare nella vita, e la lingua, le istituzioni e la cultura romana s'imponevano da sole, non attraverso la forza militare, ma semplicemente perchè esse offrivano la più grande possibilità di successo. I popoli vinti riconoscevano la superiorità della cultura romana e l'accettavano appunto perchè la consideravano superiore. Si racconta la storia di un capo ostrogoto, vissuto durante il periodo del declinio di Roma, il quale voleva distruggere la città e la sua civiltà. Ma una volta conosciuto il carattere dello stato romano questo capo non solo rinunciò alla distruzione di Roma ma dichiarò anzi la sua intenzione di restaurarla con le armi gotiche perchè lo stato romano e le leggi romane gli sembrarono tanto superiori a quelle gotiche.

Più di duemila anni dopo la fondazione di Roma, quando il nostro paese nacque, i fondatori degli Stati Uniti d'America, che conoscevano Roma e la sua storia, furono anch'essi influenzati dalla città eterna e la sua civiltà. Concetti che oggi noi riteniamo luoghi comuni, come ad esempio l'eguaglianza di tutti i cittadini davanti alla legge, i diritti naturali dell'uomo, il governo per il benessere dei governati, hanno tutti le loro radici nella storia romana. Questa continuità dell'antica Roma che si manifestava particolarmente nelle sue leggi e nell'organizzazione dello stato, trova una nuova e rafforzata espressione nell'avvento del Cristianesimo, di cui Roma è sempre stata il centro principale. Questo è dunque l'elemento essenziale di Roma, questo senso che nella storia, almeno come noi la conosciamo, Roma è sempre stata presente, che essa continua ad essere presente, e che essa è fra tutte le città la vera e sola città eterna.

Il viaggiatore che oggi arriva a Roma si rende subito conto di questo senso della storia che pervade la città. Infatti la prima impressione di Roma è che essa è veramente molte città sovrapposte l'una all'altra. Roma antica, Roma cristiana, Roma medioevale, Roma del Rinascimento, Roma del Barocco, Roma moderna; tutti questi diversi aspetti di Roma si presentano subito all'occhio dell'osservatore anche più superficiale. Ma forse la cosa più sorprendente è che tutti questi aspetti di Roma sembrano integrarsi l'uno con l'altro senza stonature, senza contrasti stridenti, come se fossero stati concepiti originalmente nel modo in cui ci appaiono. Se il viaggiatore arriva in treno, quando scende alla stazione di Roma si trova in un edificio modernissimo dalla volta immensa e fiancheggiata da enormi pareti a vetrate sostenute da una struttura di acciaio e alluminio. Se il nostro viaggiatore esce dalla stazione sulla Piazza Esedra, lo spettacolo che gli si presenta è ben altra cosa. Vicino all'edificio della stazione vedrà rovine di antiche costruzioni romane, una risplendente fontana al centro della piazza e, tutt'intorno alla piazza, edifici di altro stile ed aspetto. Ma è questo appunto uno dei fascini più singolari di Roma; questo alternarsi di stili e di architetture diverse tra ruderi romani che sopravvivono non isolati, ma assorbiti con armonia dalle costruzioni dei secoli seguenti. Esaminiamo un po' più da vicino i particolari della

Piazza Esedra. Nei tempi antichi essa era completamente occupata dalle Terme di Diocleziano, costruite nel terzo secolo dopo Cristo. Infatti le antiche mura delle terme segnano ancora oggi i limiti della piazza odierna. L'antico *tepidarium*, una sala posta tra le docce bollenti e la piscina di acqua fredda, fu convertito da Michelangelo, nel Cinquecento, nella chiesa di Santa Maria degli Angeli. L'ingresso a questa chiesa, il cui interno è ricco di marmi e di affreschi, è quasi nascosto nelle rovine di un muro a mattoni. Un'altra sala, che nell'antichità faceva parte delle mura, sopravvive oggi nella chiesa di San Bernardino. Un'altra di queste sale è oggi il Planetario di Roma. Il Museo Nazionale delle Terme, ricco di esemplari di arte greca e romana, occupa sale che una volta facevano parte della sezione centrale delle terme, e vicino al museo vi è un piccolo monastero che risale al Rinascimento. Finalmente, sparsi qui e là, si trovano ancora rovine di antiche mura e edifici che sembrano completare l'effetto totale della piazza. Al centro una maestosa fontana che, come la maggior parte delle fontane romane, risale al periodo barocco, ossia al secolo diciassettesimo.

Questo esempio potrebbe essere ripetuto per quasi ogni piazza, ogni strada, ogni angolo di Roma dove l'antico, il medioevale, il barocco e il moderno si fondono armonicamente l'uno accanto all'altro. Dunque anche fisicamente, visualmente, sentiamo il senso di eternità di Roma nel susseguirsi di epoche storiche illustrate dalle varietà di architettura. Le forme audaci e grandiose della Roma imperiale, le costruzioni nitide e chiare del primo Cristianesimo, le alte torri e i campanili del medioevo, i simmetrici ed ordinati edifici del Rinascimento, la vistosa bizzarria del barocco e la immensa distesa del moderno, costituiscono secoli e secoli di storia racchiusi in una sola città eternamente viva. Eppure malgrado tutte queste varietà di architettura, e malgrado che le costruzioni moderne siano le più numerose, vi è uno stile che sembra dominare Roma. Questo stile è il barocco. Uno stile ricco, ornamentale, fantastico, vistoso, spaziale e lussuoso come il secolo diciassettesimo in cui esso fiorì. La più gran parte di Roma come esiste oggi è stata costruita dopo il 1870, ossia da quando Roma diventò capitale dell'Italia moderna. Nondimeno, anche se è vero che lo stile barocco domina la città, non è possibile visitare Roma e non sentire i secoli di storia che essa ha visto ed attraverso i quali essa sopravvive ancora come città eterna.

2

Da repubblica a repubblica:

SENATORI, IMPERATORI, PAPI, RE E PRESIDENTI

Quando si parla della storia d'Italia, si parla veramente della storia delle sue città. Nel 1960 l'Italia ha celebrato il primo centenario della sua unificazione e della sua indipendenza politica. Dunque, almeno dal punto di vista politico, l'Italia è più giovane del nostro paese, gli Stati Uniti d'America. Eppure tutti sanno che l'Italia è uno dei più antichi paesi del mondo occidentale, e che nei suoi confini geografici fiorirono gran parte di quelle istituzioni che sono l'essenza e la base della nostra civiltà moderna.

Ma queste istituzioni e i movimenti culturali ed artistici da cui esse si formarono, nacquero e si svilupparono quasi sempre non come movimenti italiani, ma piuttosto come movimenti milanesi, fiorentini, veneziani, etc. Quando parliamo del Rinascimento la prima città a cui pensiamo è Firenze. Se parliamo del commercio marittimo del medioevo, il nome di

Venezia ci si presenta spontaneamente. Se parliamo della cultura greca in Italia, Siracusa ci viene subito a mente; e così se parliamo di architettura bizantina, non possiamo non nominare Ravenna. Altrettanto si potrebbe dire di quasi tutte le importanti città italiane che hanno ognuna una storia ben distinta l'una dall'altra. La lingua, la cultura, le abitudini, le tradizioni, e perfino la cucina delle varie città italiane sono diversissime. Nell'Italia settentrionale si cucina con il burro; nell'Italia meridionale con l'olio. La cucina di Palermo è diversissima da quella di Torino. Tutti gli Italiani parlano italiano; ma un genovese che parli in dialetto non sarà facilmente capito da un barese. In Italia esiste una letteratura italiana, ma parallela alla letteratura nazionale troviamo una letteratura in milanese, in veneziano, in napoletano; e a volte queste letterature in dialetto sono, in alcuni periodi, più fiorenti di quella nazionale. Ogni città italiana ha per secoli avuti i suoi eroi, le sue glorie, le sue battaglie; ma bisogna arrivare al secolo passato per trovare eroi e battaglie combattute nel nome dell'Italia e non di singole città. Esiste in italiano una parola che non si può facilmente tradurre in altre lingue. Questa parola è :"campanilismo". La parola deriva da campanile, cioè la torre di una chiesa in cui si trovano le campane. Il campanile diventa il simbolo del villaggio, del paese, della città nativa; della piccola patria intima, dove un individuo nasce e cresce. Per estensione campanilismo viene a significare l'attaccamento alle proprie origini attraverso un luogo preciso e ristretto. La parola campanilismo è una parola moderna, ma gli Italiani sono sempre stati campanilisti e la loro storia, la storia delle città italiane piuttosto che della nazione italiana, lo dimostra chiaramente. La storia d'Italia è veramente la storia delle sue città. Eppure l'Italia esiste da secoli, anche se politicamente esiste da poco più di cento anni. Attraverso secoli di divisioni politiche è sempre esistito in Italia un senso d'italianità, un senso di unità tra gli abitanti della penisola, che non si può spiegare semplicemente con ragioni di vicinanza geografica. La vera ragione è che vi è in Italia una città che racchiude nella sua storia gli elementi della tradizione che hanno permesso all'Italia di rimanere se non fisicamente, spiritualmente unita. Questa città è Roma. Sotto due aspetti gli Italiani hanno tutto in comune, cioè nelle tradizioni civico-politiche, e nelle tradizioni religiose. E tutte e due queste tradizioni nacquero, fiorirono, e si diffusero da Roma.

Come tutte le città che hanno una lunga storia, Roma ha la sua leggenda. Per ricostruire la leggenda delle origini di Roma, bisogna risalire a circa mille anni prima della nascita di Cristo, ossia al tempo delle guerre tra i Greci e i Troiani. Quando Troia fu distrutta dai Greci, uno dei suoi più valorosi difensori, Enea, figlio della dea Venere, si salvò dalla strage col figlioletto Ascanio. Dopo una lunga navigazione giunse nel Lazio, dove gli dei volevano che egli rifondasse la patria perduta. Enea si stabilì nel Lazio e si risposò con Lavinia, figlia del re latino. A Enea successe Ascanio, che fondò la città di Albalonga che diventò la capitale del nuovo regno latino. I discendenti di Enea continuarono a regnare in pace finchè arriviamo a Proca, il quale ebbe due figli: Numitore e Amulio. Il trono spettava a Numitore, ma Amulio lo fece imprigionare e costrinse la figlia di lui, Rea Silvia, a farsi vestale, cioè sacerdotessa di Vesta. Come vestale Rea Silvia non poteva sposarsi, ma contro i desideri dello zio e i regolamenti dell'ordine, accettò di diventar moglie del dio Marte ed ebbe da lui due gemelli: Romolo e Remo. Amulio per vendicarsi fece mettere Rea Silvia a morte e ordinò che i due gemelli fossero affogati. Il servo che doveva eseguire questa condanna non ebbe il coraggio di farlo, ed invece abbandonò i due neonati sulle rive del Tevere. Una lupa li trovò e fece loro da madre e li allattò. Per questo uno dei simboli di Roma è sempre stata la statua che mostra appunto una lupa che allatta due neonati. Un pastore finalmente trovò i due bambini e li portò a casa e li fece allevare dalla moglie.

I gemelli, cresciuti, vendicarono il nonno e la madre e uccisero Amulio. Poi decisero di fondare una città proprio dove erano stati salvati. Il luogo, la sommità del colle Palatino, fu scelto da Romolo e questo portò alla discordia fra i due fratelli e Romolo uccise Remo. La città, anzi il villaggio, prese dal suo fondatore il nome di Roma. Da questa fondazione, che secondo la leggenda avvenne 753 anni avanti Cristo, il 21 aprile, ebbe inizio la storia di Roma. Ancora oggi, il 21 aprile, i Romani e gli Italiani festeggiano la fondazione della loro capitale.

Questa è la leggenda. I fatti storici sono molto più banali e molto meno precisi. Sappiamo che, nel 753 avanti Cristo, Roma era un piccolo villaggio i cui abitanti, detti Romani, formavano uno dei gruppi del popolo detto latino. Tra il 753 a.C. e il 510 a.C., anno in cui la repubblica romana fu stabilita, Roma fu governata da diversi re latini e etruschi. Con la fondazione della repubblica, comincia il periodo di espansione politica e territoriale che culmina nella fondazione dell'impero romano da parte di Giulio Cesare. In questo periodo Roma governa direttamente o indirettamente gran parte del mondo mediterraneo e dell'Europa occidentale. Quando Roma fu fondata, la penisola italiana era abitata da popoli di religione e lingua diversa. Ci vollero secoli, prima che l'unità geografica della penisola avesse una corrispondente unità politica. Fu Roma che attraverso le sue conquiste creò il senso di italianità, ossia di unità tra gli abitanti della penisola; ma ci vollero quasi cento anni (364–270 a.C.) di guerra continua. Una volta creata questa formula: Roma-Italia, o se vogliamo Italia-Roma, questo senso di indivisibilità tra la città eterna e la penisola non è mai scomparsa e continua a sopravvivere anche oggi. Certo per un Italiano sarebbe inconcepibile pensare al suo paese senza Roma. Infatti, anche in quei periodi in cui Roma era separata o addirittura esclusa dalla vita della penisola, gli Italiani non cessarono mai di considerare la città eterna come parte del loro paese, da essere riconquistata alla prima occasione che si presentasse. Questo senso di "romanità" di "latinità" ha sempre costituito per gli Italiani la più potente forza della loro unità.

Con la caduta dell'impero romano, Roma lentamente muore come città e come potenza politica, ma come la mitologica fenice, ritrova sempre nuova vita nelle sue stesse ceneri. Come centro della nuova religione cristiana che viene adottata come religione ufficiale dello stato romano dall'imperatore Costantino, Roma assume una nuova posizione nella storia italiana e mondiale. Con la fondazione del Papato, Roma diventa il centro del mondo cattolico, e la sua lingua diventa la lingua della chiesa. Costantino aveva fondata un'altra città, Costantinopoli, dove il centro dell'impero romano si trasferisce mentre Roma continua a decadere anche se rimane sempre la sede della religione cattolica. Eppure malgrado questo stato di decadenza, quando l'imperatore Carlomagno dette una sistemazione finale al suo impero, lo chiamò "sacro *romano* impero", e si fece incoronare a Roma dal papa, nell'anno 800. Carlomagno era l'imperatore dei Franchi, il cui regno dette origine alla Francia moderna. La Francia nel medioevo era una delle nazioni neolatine, come la Spagna e l'Italia, e fu in queste nuove nazioni neolatine che la cultura, la civiltà, e la lingua romana acquistarono nuova vita. Ma Roma, la città *caput mundi* continuò a decadere. Nel secolo quattordicesimo anche il papato l'abbandona e si trasferisce ad Avignone, in Francia, dove rimane per quasi cento anni. Roma che una volta era stata un centro di quasi due milioni di abitanti è ridotta ad un piccolo centro di solamente circa ventimila abitanti. Il ritorno del Papa a Roma nell'anno 1376 segna una rinascita nella vita di Roma che continua per più di due secoli e culmina, nel Seicento, in uno dei più importanti periodi della storia di questa indistruttibile città. Il Seicento è il periodo "barocco" così detto perchè fiorisce in questa epoca l'arte chiamata barocca. Il papato in

questo periodo è non solo il centro spirituale del mondo cattolico ma è anche in effetto uno stato, e come tale ha una politica di espansione territoriale. La riforma protestante è la più vigorosa forza religiosa di questo periodo che Roma e il papato combattono con il movimento detto della Controriforma. Le guerre religiose che furono la conseguenza di questa lotta durarono a lungo. Soltanto nel secolo diciottesimo ossia nel Settecento, con un nuovo ordinamento religioso e

politico in Europa esse vengono a termine. Roma di nuovo sembra ricadere in uno stato di sonnolenza. Bisogna arrivare all'Ottocento, al movimento chiamato Risorgimento, per trovare di nuovo Roma al centro della storia della penisola. Il Risorgimento fu un movimento politico che va più o meno dal 1810 al 1870 e che ebbe come scopo l'unificazione politica dell'Italia. Il nemico era l'impero Austro-Ungarico, o più semplicemente l'Austria, che in quei tempi, come una delle grandi potenze europee, controllava direttamente o indirettamente tutta l'Italia. Infatti gran parte dell'Italia settentrionale era sotto il controllo diretto dell'Austria di cui era una provincia, mentre l'Italia centrale era costituita da un gruppo di staterelli, principati o ducati, di nome indipendenti ma di fatto legati all'Austria da cui dipendevano. Al sud dell'Italia, il Regno delle due Sicilie era governato da re borbonici indirettamente controllati dall'Austria. L'Italia centrale era quasi tutta occupata dagli Stati Pontifici governati dal Papa e che, sebbene indipendenti, erano tali solamente per l'appoggio che ricevevano dall'Austria e dalla Francia. L'Italia, come diceva un famoso uomo di stato austriaco, non era una nazione; era un'espressione geografica. Solamente una regione d'Italia era veramente indipendente: il Piemonte, nella parte nord-ovest della penisola. Questa regione sotto la Casa di Savoia ben presto diventò il centro del movimento d'indipendenza che appunto con l'aiuto della Casa di Savoia fu portato a compimento. Così nell'anno 1860 il regno d'Italia fu creato e il suo primo re fu Vittorio Emanuele II della Casa Savoia. Torino fu la prima capitale dell'Italia moderna. Poi la capitale fu trasferita a Firenze; ma ogni italiano sapeva in cuor suo che l'unità d'Italia non sarebbe stata mai completa finchè Roma non vi entrava a farne parte, infatti finchè Roma non ne diventasse la capitale. Gran parte degli Stati Pontifici erano già stati annessi al regno d'Italia ma Roma, la città, era ancora sotto il governo del Papa e non faceva parte del regno italiano. Finalmente nel 1870, anche questo sogno fu realizzato e Roma divenne parte dello stato italiano e immediatamente ne fu fatta la capitale. Da allora Roma ha continuato a crescere in importanza e in popolazione ed oggi, come una volta nei tempi antichi, Roma ha più di due milioni di abitanti. Nel 1945, dopo la seconda guerra mondiale, ci fu un plebiscito e il popolo italiano votò contro la monarchia a favore della repubblica. Roma, dopo tanti secoli, è di nuovo diventata la capitale di una repubblica che include nei suoi confini la penisola italiana. Come si suol dire: "la storia si ripete". Certo la repubblica dell'Italia moderna è ben diversa dall'antica repubblica romana, ma è pure interessante osservare che in un certo senso, in più di duemila anni il circolo si è chiuso e l'Italia è ritornata allo stesso punto da cui aveva avuto i suoi inizi. Oggi lo stato italiano è una repubblica costituzionale. Essa ha un presidente che è il capo dello stato ma difatti egli è più che altro una figura simbolica. Il consiglio dei ministri, sotto la direzione del primo ministro, governa lo stato italiano, cioè il consiglio è lo strumento esecutivo dello stato. La camera dei deputati ed il senato sono lo strumento legislativo, ma bisogna notare che la camera è molto più importante in questa funzione. Vi è anche una corte costituzionale che, almeno teoricamente, dovrebbe esercitare le stesse funzioni della corte suprema negli Stati Uniti.

Così in duemila anni da repubblica a repubblica l'Italia è di nuovo un'entità politica, e Roma è ancora una volta il suo centro. È una storia quasi miracolosa che senza Roma, non sarebbe mai avvenuta.

3

Roma e l'Italia; Romani e Italiani

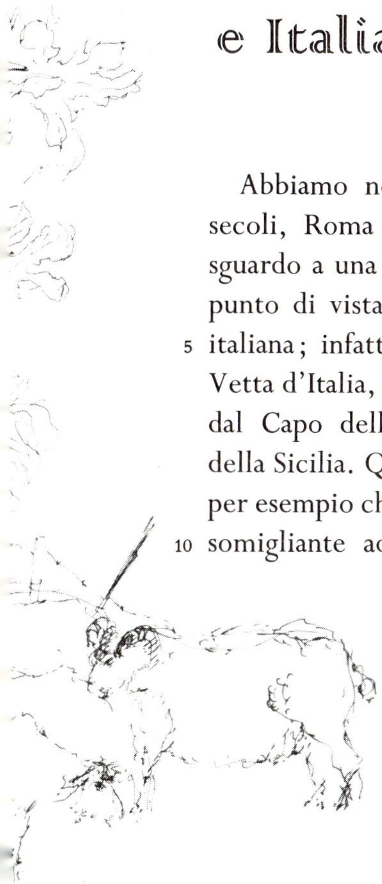

Abbiamo notato che nella storia dell'Italia attraverso i secoli, Roma ha sempre occupato un posto centrale. Uno sguardo a una carta geografica ci rivela subito che anche dal punto di vista fisico Roma è quasi al centro della penisola italiana; infatti essa è quasi precisamente equidistante dalla Vetta d'Italia, punto estremo del territorio italiano al nord, e dal Capo dell'Isola delle Correnti, estremità meridionale della Sicilia. Questo stesso sguardo ci rivela molte altre cose; per esempio che la penisola italiana ha una forma caratteristica somigliante ad uno stivale; che l'Italia è completamente circondata dal mare eccetto al nord; che l'Italia è nettamente separata dal resto del continente europeo dalla grandiosa catena di monti delle Alpi; che un'altra catena di monti, gli Appennini, traversano la penisola da nord a sud come una spina dorsale. Questo elenco di osservazioni potrebbe continuare a lungo, ma sarà meglio procedere con un po' d'ordine per renderci conto dell'aspetto fisico della penisola italiana e per imparare qualcosa a proposito dei suoi abitanti, cioè gli Italiani.

Cominciamo intanto col domandarci perchè gli Italiani non si chiamino Romani e perchè il loro paese si chiami Italia e non Roma, o almeno con un nome che risalga alla città che per due millenni ha occupato il centro della vita politica e spirituale del paese. La risposta è facilissima; il nome "Italia" esisteva prima che Roma fosse fondata. Infatti il nome Italia ci è stato tramandato fino dal secolo quinto a.C. anche se in quell'epoca il nome designava soltanto l'estremità meridionale della penisola, ossia parte delle regioni che oggi vengono chiamate Calabria e Basilicata. Quanto alla derivazione del nome, gli studiosi oggi sono d'accordo che deriva dalla parola *viteliu* ossia vitello, nel senso che il territorio fosse ricco di bovini o che il vitello rappresentasse un animale sacro. Ma allora perchè il nome non è "Vitalia"? Anche qui la risposta è facile: la forma Italia si spiega con la scomparsa della *v* iniziale nella pronunzia del nome come esso fu passato ai Romani. A poco a poco il nome Italia si estese sempre più verso il nord e finalmente, verso la fine del terzo secolo d.C. sotto l'imperatore Diocleziano, il nome Italia viene usato per distinguere la penisola, con l'aggiunta delle isole che la circondano, dalle altre prefetture o divisioni politiche dell'impero romano. Dopo la caduta dell'impero, la parola Italia sopravvive attraverso il medioevo ed il rinascimento fino ai tempi moderni, ma è soltanto nel 1860, con la fondazione dell'Italia moderna, che essa riacquista un significato politico di una nazione indipendente e di una entità politica.

L'Italia non è un paese molto vasto. La sua superficie totale, compresa la Sicilia e la Sardegna, è di 301.000 chilometri quadrati (116.216 miglia quadrate), circa due terzi la grandezza della California. La lunghezza massima dell'Italia, dal nord al sud, è di circa 1.200 chilometri (750 miglia), mentre la larghezza varia da 627 chilometri (390 miglia) nella Valle del Po, al nord, a soltanto 40 chilometri (25 miglia) nella parte più stretta della Calabria. La larghezza media della penisola è di circa 240 chilometri (150 miglia). Nell'uso comune, gli Italiani alludono spesso a tutta l'Italia come se essa fosse interamente e esclusivamente una penisola. Contrariamente, e con eguale frequenza, essi molto spesso parlano della penisola come se essa fosse parte del continente europeo. In realtà l'Italia si divide in Italia continentale, Italia peninsulare, e Italia insulare. La prima corrisponde a circa il 50% dell'area totale dell'Italia e si estende dalle Alpi fino al Rubicone. Il Rubicone è un piccolo fiume che sbocca nell'Adriatico non molto lontano dalla città di Fano. Passando oggi in macchina sulla strada che va lungo l'Adriatico, ci si accorge appena di traversare questo fiume. Eppure, come sappiamo, l'espressione traversare il Rubicone è diventata una frase proverbiale da quando nel 49 a.C. Giulio Cesare, sfidando il Senato Romano, lo traversò cambiando forse il corso della storia di Roma e del mondo occidentale. L'Italia peninsulare corrisponde a circa il 42% dell'area totale del paese ed è separata dall'Italia continentale dagli Appennini. Finalmente l'Italia insulare corrisponde a circa l' 8% dell'area totale e include le isole che circondano la penisola.

Un'altra suddivisione della regione italiana largamente usata è quella di Italia settentrionale o del nord, Italia centrale, e Italia meridionale o del sud. La prima corrisponde in sostanza all'Italia continentale; la seconda al territorio che si estende a sud della prima, fino al golfo di Gaeta sul Tirreno e il promontorio del Gargano sull'Adriatico; la terza comprende il resto della penisola. Le isole, come abbiamo visto, si considerarano sotto la denominazione di Italia insulare, ma molto spesso si usa il termine Mezzogiorno per indicare l'Italia meridionale e insulare. Finalmente, nel linguaggio comune, le espressioni Italia settentrionale e Italia meridionale vengono sostituite dai sinonimi Alta Italia e Bassa Italia. Abbiamo insistito a lungo sui nomi che gli Italiani danno alle varie suddivisioni del loro paese perchè sono termini usati molto frequentemente e senza dei quali è difficile rendersi conto del concetto geografico che gli Italiani hanno del loro paese.

Abbiamo visto che l'Italia è caratterizzata da confini geografici molto distinti e precisi. La snella penisola a forma di stivale si spinge nel Mediterraneo come un enorme molo, come un pontile di sbarco per i viaggiatori dell'oriente e dell'occidente. Ma chiusa dentro i suoi confini, dalle Alpi e dal mare, c'è in Italia una varietà di forme geografiche eguagliata soltanto dalle differenze etnologiche. Scendendo dal nord si passa dalle colossali Alpi al soffice paesaggio dei laghi lombardi, e di lì alle fertili pianure della Valle del Po. Dalla costa soleggiata della Liguria si sale alle colline della Toscana, dell'Umbria e delle Marche, e continuando ancora verso il sud, si sbocca nella pace solenne della campagna romana. Oppure dalla selvaggia maestà delle montagne degli Abruzzi, si scende ai risplendenti golfi di Napoli e di Salerno e, di nuovo traversando la penisola, si raggiungono gli oliveti sparsi sulle coste della Puglia, e finalmente oltre lo stretto di Messina agli aranceti della Sicilia, per finire questa escursione a volo d'uccello tra la ruvida e selvatica bellezza della Sardegna. Il confine dell'Italia lungo le Alpi si stende tra valli e cime, irregolarmente, per più di 1.810 chilometri (1.125 miglia) mentre la costa italiana, incluse anche le isole, è di circa 8.000 chilometri (5.000 miglia).

L'Italia è un paese prevalentemente montuoso. Quasi tutto il versante meridionale delle Alpi è italiano, e italiani sono in parte i monti più alti, il Monte Bianco, il Monte

Rosa, il Cervino (*Matterhorn*), e il Gran Paradiso. Gli Appennini, come sappiamo, si stendono per tutta la penisola dalla curva della Liguria fino alla punta dello stivale continuando poi nelle montagne della Sicilia. La vetta più alta degli Appennini è il Gran Sasso d'Italia, di 2.914 metri (9.560 piedi) negli Abruzzi. In Italia non ci sono grandi pianure. L'unica eccezione è la Valle del Po che si stende tra le Alpi e gli Appennini e arriva fino all'Adriatico. Certo paragonata alle enormi estensioni delle pianure del Middle West del nostro paese, la pianura della Valle del Po è ben piccola cosa. Dall'altro canto, in Italia non siamo mai assillati o perfino soffocati dalla monotonia e dalla uniformità di un paesaggio la cui sola attrattiva è l'immensità. Se invece dovessimo dire quale è la più grande attrattiva del paesaggio italiano non esiteremmo a dichiarare che è appunto il continuo e frequentissimo cambiamento del panorama.

Tra i mari che circondano l'Italia, il Tirreno all'ovest è il più importante. Eccetto nella Toscana e nel Lazio la costa è più o meno aspra e scogliosa. Verso il nord-ovest c'è il Mare Ligure dove un susseguirsi di baie profonde e di promontori accentuano la qualità esotica della flora. Al sud tra il tacco e la punta dello stivale, c'è il Mare Ionio con le sue vaste e piane spiagge. Il circolo è completato dall'Adriatico all'est, dove le larghe e sabbiose spiagge si susseguono l'una all'altra, e dove si trovano alcune tra le più famose stazioni balneari d'Italia.

I fiumi abbondano in Italia ma, con l'eccezione del Po che traversa l'Italia settentrionale dalle Alpi Cozie all'Adriatico dove sbocca a sud di Venezia, sono tutti piuttosto piccoli. Del resto anche il Po dal punto di vista di un abitante del continente nord-americano non è veramente un gran fiume. Quando si pensa che il Mississippi è lungo 2.560 miglia, il Colorado 1.700 miglia, il Missouri 2.551 miglia; il Po, che è lungo solamente 418 miglia, non sembra molto grande. Ma se i fiumi italiani non si distinguono per la loro grandezza o

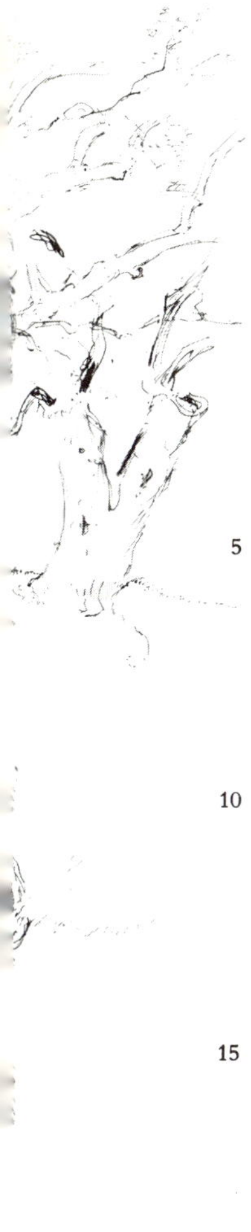

lunghezza, essi certamente sono caratteristici per il loro temperamento e sono importanti per la loro partecipazione negli eventi storici. Infatti il Tevere, che traversa Roma, e l'Arno che traversa Firenze sono rispettivamente 396 e 245 chilometri lunghi (252 e 154 miglia). Ma è difficile trovare altri due fiumi carichi di storia come questi due. Oppure prendiamo l'esempio del fiume Ofanto in Puglia. Quasi quasi non si direbbe un fiume tanto è modesto in apparenza. Ma questo fiume a volte è quasi completamente asciutto, scorrendo a una media di solamente 1,5 metri cubi d'acqua per secondo mentre a volte infierisce travolgente a una velocità di 2.300 metri cubi d'acqua per minuto secondo. Oltre al Po, al Tevere e all'Arno già ricordati, gli altri fiumi importanti dell'Italia sono l'Adige e l'Adda nella Valle del Po, e il Garigliano e il Volturno nella campagna romana.

Ai piedi delle Alpi si trovano i laghi lombardi che costituiscono una delle più amene regioni d'Italia. Il lago Maggiore, il lago di Garda, e il lago di Como sono i più grandi. Sparsi qua e là, sempre sotto le Alpi, troviamo altri numerosi laghi più piccoli, mentre nelle piccole pianure dell'Italia centrale e meridionale troviamo altri laghi, ma di origine vulcanica, come il lago Trasimeno, il lago di Bolsena e il lago di Bracciano. Che in Italia vi sia stata nella sua storia un'intensa attività vulcanica è dimostrato non solo dall'esistenza di questi laghi, ma anche dal fatto che ancora oggi ci sono in

Italia vulcani attivi come il Vesuvio nel golfo di Napoli, lo Stromboli nelle isole Aeolie al nord della Sicilia, e l'Etna il più alto vulcano d'Europa (3.295 metri ossia 10.692 piedi) vicino a Catania in Sicilia.

È ben risaputo che l'Italia possiede uno dei migliori climi del mondo. Situata nella zona temperata e data la sua forma geografica essa è fortemente influenzata dai mari che la circondano e che attenuano i freddi dell'inverno, mentre al nord è protetta dalle Alpi che formano una barriera contro i venti dal nord. Nondimeno il clima italiano varia notevolmente, perchè come abbiamo visto varia l'aspetto fisico del paese. Dunque la nozione romantica dell'Italia paese del sole e del bel tempo deve essere presa con un grano di sale. Certo sarebbe pretendere troppo che sugli Appennini, a cinque o sei mila piedi d'altezza, nel mese di gennaio, il viaggiatore trovi il sole e il bel tempo. Il bel tempo c'è in gennaio, ma soltanto in alcune regioni come la Riviera o la Sicilia. Dunque il clima varia enormemente secondo che siamo vicini al mare o ai monti. Per questa ragione troviamo spesso lo stesso clima in regioni che sono in latitudini molto diverse. L'inverno è duro sulle Alpi; è freddo come nel clima del continente europeo nella Valle del Po e negli Appennini centrali. Invece l'inverno è mite sulla Riviera Ligure, la costa napoletana, ed in Sicilia. L'estate è calda e asciutta, molto più mite sulla costa, e fresca sulle Alpi e sugli Appennini. La primavera e l'autunno sono le stagioni più piacevoli, specialmente nella regione dei laghi, nell'Italia centrale e sulle coste del mezzogiorno. La pioggia non abbonda in Italia, giacchè il suo clima è un clima asciutto e i giorni di bel tempo superano di gran lunga quelli di tempo cattivo. Di solito le piogge abbondano di più al nord e diminuiscono a mano a mano che si scende verso il sud. Come il clima così anche la vegetazione varia profondamente da regione a regione in Italia. Dall'abete, dal leccio, dal castagno delle Alpi e degli Appennini, si passa quasi ad un tratto alla palma e all'ulivo, all'oleandro, agli aranceti ed ai vigneti, e poi alla flora subtropicale della Liguria, della regione dei laghi o della Sicilia.

In questa terra che abbiamo cercato di descrivere brevemente, in questo clima tanto invidiato da altri paesi, abitano oggi più di cinquantadue milioni di abitanti. Come ci siamo chiesti perchè questo paese non si chiami Roma, così potremmo egualmente chiederci perchè gli abitanti della penisola non si chiamino Romani. E la risposta sarebbe la stessa. Ma non è inutile però considerare se i moderni abitanti dell'Italia, ossia gli Italiani, possono dirsi i discendenti diretti dei Romani. Abbiamo già alluso a questo. Non vi è dubbio che spiritualmente gli Italiani di oggi continuano nella tradizione di latinità stabilita da Roma, ma etnologicamente parlando è tutta un'altra storia. Gli Italiani sono una nazione ma non una razza omogenea. Quello che li lega insieme sono la cultura e le tradizioni e non delle caratteristiche e dei tratti biologici. Possiamo ben parlare del tipo mediterraneo del sud, o del tipo alpino del nord ma soltanto come utili generalizzazioni. Gli Italiani, come tutti gli altri popoli del mondo che abitano luoghi dove la civiltà umana ha una lunga e complessa storia, sono un miscuglio inestricabile di tipi e di razze.

4

"Urbe et orbi" o Roma capitale

L'antica repubblica romana era governata dal senato che era l'organo più potente dello stato. Quando il senato romano raggiungeva una decisione o promulgava una nuova legge, l'annunzio era sempre preceduto dall'espressione *Urbe et Orbi* che vuol dire alla città e al mondo. E questa espressione era ben giusta giacchè Roma nell'antichità era, come abbiamo già visto, il *Caput mundi*, ossia il centro del mondo. Oggi

questa frase non sarebbe più applicabile, ma il fatto rimane che dopo più di duemila anni Roma continua ad essere il centro di un'entità politica. Oggi Roma è la capitale dello stato italiano e l'Italia è oggi una repubblica costituzionale. Alla fine della seconda guerra mondiale, e precisamente il 2 giugno 1946, in un plebiscito nazionale gli Italiani decisero di non continuare sotto il regno della Casa di Savoia, e adottarono invece la forma repubblicana di governo per il loro paese. Fu questa una decisione molto difficile per molti Italiani che si sentivano legati alla Casa di Savoia, perchè essa aveva occupato una posizione tanto importante nella lotta per l'indipendenza nazionale nel periodo del Risorgimento. Quanto difficile fosse la scelta per molti Italiani è dimostrato dal fatto che nel plebiscito il voto a favore della repubblica vinse con un piccolissimo margine. Infatti 12.700.000 Italiani votarono a favore della repubblica mentre 10.700.000 votarono a favore della continuazione della monarchia. Il 2 giugno è oggi festa nazionale in commemorazione del plebiscito. Un'assemblea costituente fu eletta nel marzo del 1946 e, per quasi due anni, si dedicò alla formulazione di una nuova costituzione. La nuova costituzione fu finalmente approvata il 22 dicembre 1947 e andò in effetto il primo gennaio 1948.

La costituzione italiana è un documento abbastanza lungo e consiste di 175 articoli. Il primo articolo stabilisce che in questa "Repubblica democratica fondata sul lavoro" la sovranità "appartiene al popolo" che la esercita però "nelle forme e nei limiti della dichiarazione di principi generali" ossia, che tutti i cittadini sono eguali, che lo stato garantisce la libertà civile a tutti i cittadini, che gli ostacoli economici verso l'eguaglianza devono essere eliminati, e che tutti i cittadini devono contribuire al benessere del paese. Una sezione speciale è dedicata alla libertà di religione che è garantita a tutti i cittadini, sebbene alla Chiesa Cattolica sono fatte concessioni speciali, dato che il 96% degli Italiani sono cattolici. Questa sezione è seguita da un'altra di più di quaranta articoli che si occupa dei diritti e dei doveri dei cittadini. Un'altra sezione di circa cinquanta articoli si occupa dell'organizzazione dello stato italiano. Come negli Stati Uniti il governo in Italia consiste di tre principali suddivisioni: il parlamento con funzione legislativa, il consiglio dei ministri con funzioni esecutive, e la Corte Costituzionale con funzioni giudiziarie. Al disopra di queste tre suddivisioni, c'è il presidente della repubblica eletto dal parlamento per un periodo di sette anni. Il presidente è il capo delle forze armate, approva le leggi promulgate dal parlamento, nomina il presidente del consiglio dei ministri e i vari ministri, può commutare la pena o addirittura fare grazia ai cittadini sotto condanna, può dissolvere le due camere del parlamento, e può decretare nuove elezioni. Ripetiamo che il presidente è eletto dalle due camere del parlamento e non dal popolo come negli Stati Uniti. Il presidente della repubblica italiana è nominalmente soltanto il capo dello stato; il vero potere è nel parlamento. In altre parole, il presidente della repubblica benchè capo dello stato non è, come il presidente degli Stati Uniti, il capo dell'esecutivo. Questa responsabilità appartiene al primo ministro o, come è più comunemente chiamato, il presidente del consiglio dei ministri. Il consiglio dei ministri o gabinetto è composto di 17 ministri, come il ministro degli affari esteri, ministro dell'interno, ministro della pubblica istruzione, etc., etc. I ministri corrispondono a quei funzionari che noi negli Stati Uniti chiamiamo segretari, come il segretario di stato, del commercio, etc. Tanto il presidente del consiglio quanto gli altri ministri sono membri del parlamento e vengono nominati dal presidente della repubblica. Il consiglio dei ministri è responsabile direttamente alle due camere del parlamento e ciascuna delle due camere può, con un semplice voto di maggioranza, costringere ad un cambiamento del presidente del consiglio o del consiglio stesso. Il consiglio dei ministri deve ottenere un voto di confidenza dalle due camere. La funzione legislativa, abbiamo visto, è affidata completamente al parlamento che comprende il senato e la camera dei deputati; ciascuna di queste due camere è presieduta da un presidente eletto dai membri. I membri del parlamento sono eletti sulla base di rappresentazione proporzionale e con un sistema di suffragio universale. I senatori sono eletti per sei anni e i deputati per cinque anni. Il numero dei senatori e deputati può aumentare o diminuire secondo i cambiamenti nella popolazione, dato che il numero è appunto proporzionato al numero degli abitanti.

La responsabilità giudiziaria in Italia è affidata alla corte costituzionale che in un certo senso è equivalente alla nostra corte suprema. La corte costituzionale consiste di 15 giudici, alcuni eletti ed altri nominati dal presidente della repubblica, per un periodo di dodici anni. La funzione principale della corte costituzionale è di interpretare la costituzione, mentre in materia giudiziaria, ossia nella determinazione della legalità delle leggi, la corte suprema di cassazione è l'organo supremo.

Il presidente della republica italiana abita nel Palazzo del Quirinale che è la residenza ufficiale del capo del governo. Il nome "quirinale" deriva da *Quirino* il nome che i Sabini davano al dio Marte che appunto veniva venerato da loro su questa collina. Verso la fine dell'antica repubblica romana, Quirino venne identificato con Romolo, il figlio di Marte. Il palazzo del Quirinale è immenso. La costruzione, iniziata da Papa Gregorio XIII nel 1547, fu completata nel 1730 e fu la residenza estiva dei papi fino al 1870. Il quell'anno diventò la residenza del re del nuovo regno italico; dal 1947 è la residenza ufficiale del presidente della repubblica. La camera dei deputati è ospitata nel Palazzo di Montecitorio. La costruzione di questo palazzo iniziata nel 1650 per Papa Innocenzo X fu completata solamente più tardi nello stesso secolo dopo diverse interruzioni. La facciata è in sostanza come la disegnò il Bernini, il famoso architetto del barocco romano. Il Palazzo di Montecitorio, ingrandito nel 1918, serve come sede della camera dei deputati dal 1870. Finalmente il senato occupa il Palazzo Madama. Il palazzo è così chiamato perchè Margherita Farnese, figlia di Carlo V, vi abitò. Originalmente apparteneva alla famiglia dei Medici; fu completato nel 1740 e ingrandito nel 1931. I diversi ministeri sono dispersi qui e là per Roma, e mentre alcuni di essi occupano palazzi storici, altri sono in palazzi moderni che a volte hanno interesse particolare dal punto di vista architettonico. Il governo municipale della città di Roma si trova nel Campidoglio sul colle capitolino. Questo era il centro dell'attività politica in Roma antica ed il nome è ormai diventato parte della nostra nomenclatura politica con il nome di *capitol* che è appunto la versione inglese dello stesso nome.

Gli ultimi venti articoli della costituzione della repubblica italiana trattano dell'organizzazione amministrativa e politica delle varie regioni d'Italia. L'Italia non è, come gli Stati Uniti, una repubblica federale composta di stati sovrani. Invece essa si divide in regioni che a loro volta si suddividono in province che sono poi composte di comuni. In tutto ci sono 20 regioni, più di 90 province e circa 8.000 comuni. Fino alla fine della seconda guerra mondiale le regioni in Italia costituivano delle suddivisioni geografiche storiche solamente, ma nella nuova costituzione non solo esse sono riconosciute come suddivisioni politiche ma è anche riconosciuto loro il diritto ad una certa autonomia politica ed a un governo regionale. Questo governo regionale fu prima concesso a sole poche regioni ma negli ultimi anni è diventato una realtà per tutte. Diamo ora uno sguardo a queste regioni particolarmente perchè è importante conoscerle per nome, vedere dove si trovano e almeno sapere qualche cosa a proposito di ciascuna.

Cominciamo dal nord-ovest con il Piemonte la cui città principale è Torino, come abbiamo già visto, uno dei principali centri industriali d'Italia. Ma Torino può anche essere descritta come la città regale d'Italia, per secoli la sede della Casa di Savoia sotto il cui regno l'Italia fu unificata nel secolo scorso. Il Piemonte è anche una fiorente regione agricola. Le risaie di Vercelli producono una qualità di riso dai chicchi lunghi, considerata una delle migliori del mondo. Nel secolo diciottesimo per decreto reale era proibita l'esportazione di questo riso. Si racconta che Thomas Jefferson durante la sua visita in Piemonte si riempì le tasche di questo riso riuscendo a portarlo fuori, e che finalmente lo portò in America dove venne usato come seme. Per noi in America è anche interessante sapere che uno storico piemontese, Carlo Botta, fu l'autore della prima storia completa della rivoluzione americana ad essere stampata. L'opera intitolata *Storia della guerra dell'indipendenza degli Stati Uniti d'America* fu pubblicata al principio dell'Ottocento. All'estremità nord-ovest dell'Italia proprio sopra al Piemonte vi è una piccola regione, la Val d'Aosta, una valle dominata dalle Alpi e famosa per i suoi castelli. Il francese e l'italiano sono ambedue lingue ufficiali di questa regione che è appunto bilingue. Spostandoci verso l'est passiamo nella Lombardia, nome derivato dai Longobardi. Questa è la regione più ricca d'Italia, e la sua capitale, Milano, è la più ricca città d'Italia. Ma Milano è anche uno dei primi centri culturali d'Italia ed è ricchissima di monumenti e di opere d'arte. Fra queste la più famosa è senz'altro l'*Ultima Cena* di Leonardo da Vinci nella chiesa di Santa Maria delle Grazie. È anche a Milano che si trova La Scala il più conosciuto teatro d'opera del mondo. Continuando verso il nord-est ci troviamo nell'Alto Adige-Trentino, la più settentrionale delle regioni italiane. La capitale è Trento nella valle dove scorre l'Adige da cui la regione prende appunto il nome. Notiamo che "alto" nel nome Alto Adige vuol dire del nord ossia Adige del nord. È questa una regione di pascoli, frutteti e pinete. Lasciando l'Alto Adige e passando verso il sud-est ci troviamo nel Veneto, o Venezia Euganea (dal nome di una catena di colline i Colli Euganei), di cui la capitale è Venezia, città unica al mondo, dove invece delle strade ci sono canali e dove le gondole servono da tassì. Venezia fu una repubblica marittima per più di mille anni. Governata da una oligarchia di cui il

Doge era il capo, Venezia controllò per secoli un vasto impero nel vicino oriente e fu nel medioevo il centro commerciale più importante d'Europa. Da Venezia passando nella estrema regione italiana dell'est, ci troviamo nella Venezia Giulia con Trieste come centro principale. Trieste è sempre stata e continua ad essere una città cosmopolita dove la cultura italiana, la tedesca e la slava, s'incontrano.

Saltiamo ora da Trieste all'altro lato della penisola a Genova, sul Tirreno. Genova è la città principale della Liguria, ed il primo porto del Mediterraneo. Il nome Liguria risale ai Liguri che abitavano in questa parte della penisola fino dai tempi pre-romani. Come tutti sappiamo, Cristoforo Colombo nacque a Genova, ai suoi tempi una potente repubblica marittima e nemica giurata di Venezia. La Liguria è famosa per la sua Riviera a cui si accede attraverso l'antica strada romana l'Aurelia. L'ultima delle regioni settentrionali è l'Emilia-Romagna traversata dalla Via Emilia costruita nel 187 a.C. dal console Marco Emilio. La capitale è Bologna, sede della più antica università europea fondata nel decimo secolo. Bologna è anche famosa per la sua cucina e, come ogni americano sa, per le sue salcicce. Per continuare nel nostro viaggio immaginario, bisogna ora attraversare gli Appennini e la prima regione che incontriamo al di là dei monti, verso il sud, è la Toscana, la culla del Rinascimento. Firenze è la capitale, città seconda soltanto a Roma nella storia d'Italia, e seconda a nessuna città nella storia dell'arte e del pensiero. Il paesaggio toscano, reso famoso da pittori come Piero della Francesca e Leonardo da Vinci, è uno dei più attraenti d'Italia. Nell'antichità gli Etruschi abitavano questa regione che i Romani conquistarono con molta difficoltà e solo dopo molto tempo. All'est della Toscana è situata l'Umbria la così detta regione mistica perchè qui nacquero e vissero molti famosi santi. Tra questi San Francesco rimane senz'altro il più conosciuto. Mistico è anche l'aspetto della regione con le sue innumerevoli colline su cui posano città e paesi. Perugia, la capitale, vecchia città etrusca è situata appunto su una collina, non molto lontano dal lago Trasimeno dove Annibale con l'aiuto dei suoi elefanti sconfisse l'intero esercito romano. Sempre più ad est, lungo la costa dell'Adriatico, passiamo nelle Marche che fino al secolo scorso erano uno degli Stati della Chiesa governati dal Papa. Ancona, porto importante da quando fu fondata dai Greci diversi secoli a.C., è la capitale. Proprio a nord delle Marche si trova San Marino, la più vecchia repubblica indipendente del mondo. Dalle Marche volgendo verso il sud-ovest entriamo nel Lazio ed arriviamo finalmente a Roma di cui abbiamo già ampiamente parlato in altri capitoli. Ritornando ora verso l'est ci troviamo negli Abruzzi, regione di monti e di pastori. Giusto è dunque che la capitale si chiami l'Aquila, e che sia situata ai piedi del Gran Sasso, la più alta vetta degli Appennini. Ma la città più importante degli Abruzzi è oggi Pescara, sull'Adriatico, un centro industriale e commerciale popolarissimo anche per la sua bella spiaggia. Fino a poco tempo fa, gli Abruzzi erano considerati insieme al Molise una sola regione. Ora invece sono separate in due distinte regioni e Campobasso è la capitale del Molise. Continuando nel nostro viaggio verso il sud, ma ritornando verso il Tirreno entriamo nella Campania o, come la chiamavano i Romani, *Campania Felix* e cioè Campania felice. E certo questa terra è felice dal punto di vista della sua bellezza lungo il mare con i golfi di Napoli e di Salerno. Napoli, la più grande città del Mezzogiorno, è la capitale; essa fu fondata dai Greci e nella forma greca Napoli voleva dire infatti città nuova. Di tutte le città italiane Napoli è senza dubbio quella in cui il contrasto della vita italiana in quasi tutti i suoi aspetti è più evidente. La Campania possiede forse il suolo più fertile dell'Italia ma anche la maggiore densità di popolazione. Traversando di nuovo la penisola verso l'Adriatico, arriviamo nella Puglia (si può anche dire Le Puglie) che consiste dell'intero "tacco" dello stivale italiano e parte della "caviglia."

In questa regione è situata l'unica altra pianura italiana, il Tavoliere. Molto più piccola della pianura padana è però egualmente fertile. Bari, porto importante per il commercio con il vicino Oriente, è la capitale. Siamo ora arrivati quasi all'estremità meridionale della penisola dove rimangono ancora solo due regioni da visitare: la Basilicata e la Calabria. Il problema economico è il problema più grave che confronta queste due regioni e ogni sforzo deve essere fatto per migliorare le loro condizioni. Non ci resta ora che fermarci brevemente nelle due regioni insulari dell'Italia, la Sicilia e la Sardegna. La Sicilia si raggiunge attraverso lo stretto di Messina da Reggio Calabria. Questo è il famoso stretto dell'antichità dove Scilla e Cariddi minacciavano le navi e i marinai come sappiamo dalla storia di Ulisse. Palermo è oggi la capitale della Sicilia ma in antichità Siracusa era il centro dell'isola. Più di una dozzina di civiltà sono state ospitate da quest'isola che rimane una delle più affascinanti regioni d'Italia. Molto meno conosciuta, anche dagli Italiani stessi, è la Sardegna data la distanza dalla penisola e la relativa inaccessibilità che ne risulta. La Sardegna è forse la regione che conserva più tenacemente le sue tradizioni e dove il folklore è più in evidenza che altrove. Ma anche essa comincia ad entrare nella vita moderna, specialmente attraverso il turismo che è oggi un'industria importante per l'isola; e con la scomparsa quasi totale della malaria negli ultimi anni, la Sardegna ha acquistato una nuova vita.

E così abbiamo completato questa breve escursione delle regioni italiane che forse sarà sembrata un po' troppo lunga e forse non assolutamente necessaria. Ma come per un americano che voglia cercare di far capire il nostro paese a uno straniero è quasi impossibile farlo senza parlare delle differenze tra il nord e il sud, tra la California e il Maine, tra il Texas e la Montana, così è egualmente impossibile capire l'Italia senza rendersi conto delle sue principali regioni e città, o senza almeno impararne i nomi.

5

Turismo: grande industria!

OSTROGOTI, LONGOBARDI, SPAGNOLI, FRANCESI, AMERICANI E ALTRI OSPITI

La popolazione dell'Italia, abbiamo notato, è di circa cinquanta milioni di abitanti; cioè in Italia abitano più o meno cinquanta milioni di Italiani. Ma è anche vero che in Italia, in qualsiasi dato momento, ci sono più di cinquanta milioni di individui perchè ci sono sempre dei visitatori, dei viaggiatori, dei turisti o degli ospiti provenienti dall'estero, e che non sono quindi italiani, ma che devono essere aggiunti alla popolazione locale. Ora questo è vero per qualsiasi paese del mondo, e se questi turisti fossero pochi si potrebbe anche non tenerne conto; ma quando il loro numero raggiunge una cifra più alta della metà della popolazione indigena, bisogna prenderla in seria considerazione. Vediamo un po' quali sono i dati precisi della situazione e quale significato deve essere attribuito loro.

Secondo le ultime statistiche rilasciate dal governo italiano, ventisette milioni e mezzo di turisti stranieri visitarono l'Italia durante l'anno 1967. È come se durante quell'anno tutti gli abitanti degli stati di California, Oregon, Washington, Arizona e Nevada fossero andati in Italia. Oppure, per fare un' altro paragone, è come se tutti gli abitanti degli stati di Nuova York, Massachusetts e Connecticut avessero, prima o dopo, durante il 1967, fatto una visita all'Italia. Questi turisti arrivano dal cielo, per mare e per terra; in aviogetto,

in piroscafo, in treno, in automobile, in motocicletta, in bicicletta, e, un numero considerevole, anche a piedi. Secondo queste stesse statistiche, la maggior parte di questi turisti visitano l'Italia durante l'estate, e la maggior parte arrivano in Italia in automobile. Per potersi rendere conto di questa "invasione" in modo drammatico e in maniera vividissima, bisognerebbe andare in Piazza San Marco a Venezia, nel mese di agosto, una sera qualsiasi, verso il tramonto. Piazza San Marco oltre ad essere una delle più belle piazze del mondo è anche una delle più grandi e misura precisamente 175 metri (575 piedi) in lunghezza ed ha una larghezza che varia dai 56 metri (185 piedi) agli 82 metri (270 piedi). In qualsiasi di queste sere di agosto Piazza San Marco sarà gremita da migliaia di persone; uno spettacolo indimenticabile e unico al mondo. Di queste migliaia di persone solamente una piccolissima parte sarà composta di Italiani—gli altri sono tutti turisti stranieri. Questo spettacolo, di solito con minore intensità, si ripete in quasi tutte le grandi piazze di quasi tutte le maggiori città italiane.

Abbiamo detto che la maggior parte di questi turisti arriva in Italia in automobile; per esempio nel 1967 circa venti milioni arrivarono in macchina. Le ragioni per questa situazione sono ovvie, ma forse la più importante è che oggi l'Italia possiede un ottimo sistema di autostrade che rende un viaggio in macchina comodo e veloce. Del resto dei turisti stranieri che si recarono in Italia nel 1967, circa quattro milioni arrivarono in treno, circa due milioni in aereo, e circa 350.000 in piroscafo. Chi sono tutti questi turisti? Di dove vengono e perchè vengono? Le stesse statistiche che abbiamo citate ci rivelano che circa il cinque per cento dei turisti stranieri venuti in Italia nel 1967, ossia pressappoco un milione e mezzo, erano cittadini degli Stati Uniti d'America; circa il cinque per cento, ossia un'altro milione e mezzo, provenivano da altri paesi non-europei, mentre il novanta per cento, ossia circa ventiquattro milioni, erano europei. A questo punto si potrebbe ingenuamente domandare: "ma avere tanti stranieri per casa non è per gli Italiani una grande seccatura?" Se sia una seccatura o no è molto difficile dire, ma è certo che anche se è una seccatura, è una seccatura molto lucrativa. Basta un semplice calcolo per spiegare cosa intendiamo dire. Se ogni turista venuto in Italia nel 1967 avesse speso una media di $100 (dollari) durante il suo soggiorno in Italia, la cifra totale spesa da tutti i turisti stranieri sarebbe ammontata a $2.700.000.000. In realtà, sempre secondo le statistiche del governo italiano, nel 1967 la cifra esatta fu di $3.200.000.000. Questa è una somma ragguardevole in qualsiasi lingua e per l'economia di qualsiasi paese. Non è dunque sorprendente che il turismo straniero non sia affatto una seccattura per gli Italiani, anzi esso è una vera industria per loro, infatti, e per essere precisi, è la più grande industria che l'Italia possegga. Il governo italiano, riconoscendo la sua importanza, ha stabilito un ministero, il Ministero del Turismo e dello Spettacolo, diretto da un ministro, che si occupa esclusivamente dell'industria turistica. Il ministero del turismo ha uffici in tutte le grandi città del mondo, e giudicando dai risultati ottenuti fa un ottimo lavoro di propaganda e di pubblicità per attirare gli stranieri in Italia. Rimane ancora una domanda a cui non abbiamo risposto e che è in fondo la domanda essenziale: come va e perchè tanti stranieri desiderano visitare l'Italia?

In altri tempi quando il turismo, nel senso moderno della parola, non esisteva ancora, e le uniche persone che viaggiavano erano o i ricchi o gli studenti, un viaggio in Italia era considerato una parte essenziale dell'educazione di qualsiasi Europeo che volesse chiamarsi colto. Questa tradizione era un'eredità del Rinascimento. Durante questo periodo e per buona parte del secolo diciassettesimo, l'Italia era maestra al resto dell'Europa in quasi tutti i campi di attività artistiche ed intellettuali ed una delle conseguenze naturali di ciò fu il concetto del pellegrinaggio in Italia come parte della propria

formazione culturale. E poi in Italia c'era Roma—e Roma non ha mai perso il suo fascino ed ha sempre avuto una attrazione speciale per gli stranieri. Questa tradizione emigrò negli Stati Uniti come parte del patrimonio culturale venuto dall'Europa e anche nel nostro paese qualsiasi persona che si considerava veramente colta, fino a poco tempo fa, prima o dopo, visitava l'Italia. Sfortunatamente questo fascino esercitato da Roma e dall'Italia ha portato molto spesso, attraverso i secoli, ospiti non invitati, turisti senza un soldo in tasca, e dei tipi poco piacevoli che venivano in Italia con intenzioni tutt'altro che amichevoli. Infatti durante la sua storia attraverso i secoli, e con allarmante regolarità, la penisola italiana è stata oggetto di invasioni e di conquiste da parte di popoli che vedevano l'Italia come una specie di terra promessa o come una fonte di ricchezza immediata.

Come oggi la maggior parte dei turisti moderni vengono dal nord e per terra, così nella storia della penisola la maggior parte degli invasori è sempre venuta dal nord e per terra, piuttosto che dal sud e per mare. Come i turisti di oggi anche gli invasori del passato erano in maggioranza di lingua germanica, ma anche i Francesi, gli Spagnoli, gli Scandinavi, e perfino noi stessi Americani del nord abbiamo partecipato recentemente a questo apparente sport internazionale e secolare. Ma cominciamo dal principio che naturalmente vuol dire tornare a Roma e alla sua storia. Nell'anno 390 a.C., quando Roma era già diventata la più potente città della penisola italiana, ebbe luogo la prima memorabile visita da inaspettati ospiti che i romani chiamavano genericamente "barbari." Questi barbari dell'anno 390 a.C. erano Galli, ossia abitanti della Gallia, regione del mondo antico che corrisponde alla Francia moderna. I Galli si spinsero fino a Roma e infatti riuscirono perfino a saccheggiare ed a incendiare la città. Il ricordo di questa prima visita dei vicini del nord rimase vivissimo nella memoria dei Romani che abbellirono il racconto con alcune leggende. Si dice, per esempio, che quando i Galli si accinsero di notte, a scalare il Campidoglio—cioè la fortezza di Roma—le oche sacre alla dea Giunone, che venivano tenute appunto lì, dettero l'allarme. Marco Manlio, detto poi Capitolino, accorse coi suoi soldati, fece precipitare dalla rupe Tarpea gli assalitori e salvò la rocca. Nondimeno i Romani dovettero venire ai patti con i Galli, e per salvare la loro città dovettero pagare un tributo di mille libbre in oro. Questa invasione dei Galli fu una specie di preludio a quella che doveva diventare una continua minaccia di invasori dal nord. Ogni tanto la minaccia scoppiava in una breve incursione che i Romani riuscivano sempre a controllare ristabilendo l'equilibrio anche se a volte in maniera molto precaria. Ma nei secoli IV e V d.C. questo equilibrio diventa sempre più tenue e comincia a mancare per periodi sempre più notevoli, e finalmente nell'anno 476 d.C. viene a mancare completamente. In quest'anno l'imperatore dell'impero romano d'occidente, che ormai comprendeva poco più della penisola italiana, viene deposto ed obbligato ad abdicare da un generale barbarico, Odoacre, e la dominazione barbarica in Italia comincia.

Qui sarà bene spiegare cosa precisamente voglia dire la parola "barbaro", e l'aggettivo che da essa deriva "barbarico", giacchè sono parole che useremo continuamente nel resto di questo capitolo. Oggi in qualsiasi lingua moderna occidentale barbarico vuol dire l'opposto di civilizzato, ed un barbaro è una persona di costumi ed usanze non civili. La parola, di origine greca, voleva originalmente dire straniero, e derivava dal fatto che ai Greci qualsiasi lingua straniera rassomigliava al suono bar-bar. La parola fu adottata dai Romani per descrivere tutti quei popoli non greci e non romani, e più tardi i popoli non cristiani. Questa descrizione si addiceva particolarmente ai popoli del nord dell'Europa e particolarmente a quelli di origine germanica che non fecero mai parte dell'impero romano ma che, come abbiamo visto, lo minacciarono per secoli e finalmente furono la causa immediata della sua caduta.

Odoacre, il primo barbaro che governò Roma, prese il titolo di re e per diciassette anni dette prova di moderazione verso i Romani e le loro istituzioni. Questo avvenne perchè quando Odoacre diventò re, egli era già da molto tempo al servizio dei Romani come generale di truppe mercenarie. Dopo di lui però, come vedremo, le cose cambiarono. Odoacre fu assassinato e rimpiazzato nel 493 da Teodorico capo degli Ostrogoti, ossia i Goti dell'est. Mentre Odoacre aveva deposto Romolo Augustolo ed aveva governato con il solo aiuto delle sue truppe, Teodorico arrivò in Italia con tutto il suo popolo che emigrando veniva a stabilirsi permanentemente nella penisola italiana. Teodorico regnò dal 493 al 526 e fu un ammiratore della civiltà romana. Con molta saggezza mirò alla pacifica convivenza degli Ostrogoti e dei Romani, ma negli ultimi anni della sua vita si allontanò, sfortunatamente, da questo programma di governo. I suoi successori non riuscirono a migliorare la situazione e il risultato fu l'intervento dell'imperatore bizantino che considerava se stesso il legittimo erede dell'impero d'occidente e Teodorico un suo rappresentante. L'imperatore bizantino di quell'epoca, Giustiniano, era un grande uomo di stato ed il suo nome è per sempre legato ad un'opera grandiosa e cioè la raccolta delle antiche leggi imperiali. Questa, con i commentari che ne scrissero insigni giuristi, diventò la base per i concetti fondamentali della giurisprudenza moderna. Giustiniano riuscì a riconquistare la penisola e così alla dominazione ostrogota successe quella bizantina che governava attraverso un esarca residente a Ravenna. Questa città naturalmente diventò il centro culturale della penisola ed ancora oggi rimane il più ricco centro di quella cultura che viene appunto chiamata bizantina.

Le tribù barbariche del nord dell'Europa continuavano nel frattempo ad esercitare una pressione sempre maggiore nella loro continua ricerca di nuove e più ricche terre. Nel 568 un'altra ondata di barbari—i Longobardi, sotto il re Alboino—si rovesciò sull'Italia. I Longobardi derivavano il loro nome dalla loro consuetudine di portare lunghe barbe. In antico tedesco erano detti *langbart*, nome che italianizzato diventò prima longobardo e poi in forma abbreviata lombardo. È da questo nome appunto che deriva il nome della regione italiana Lombardia dove i Longobardi si stabilirono da prima. I Longobardi non riuscirono a sconfiggere i Bizantini nè furono capaci di conquistare tutta l'Italia che infatti rimase divisa in due parti. Nell'Italia settentrionale e centrale con l'eccezione della costa adriatica, i Longobardi si stabilirono in tre principali ducati—quello di Pavia al nord, quello di Spoleto nell'Italia centrale, e quello di Benevento nel sud. Il resto della penisola rimase ai Bizantini. Questo vuol dire che, per la prima volta da quando Roma aveva conquistata tutta la penisola, la sua unità politica venne distrutta; un'avvenimento di massima importanza. Basta dire che questa unità politica non viene ricostituita per più di undici secoli e cioè non fino al 1860 quando l'Italia moderna fu fondata. Questa divisione politica della penisola rimane il fatto fondamentale della sua storia che non bisogna mai dimenticare se vogliamo capire la sua cultura, la sua grandezza e i suoi difetti. Il dominio dei Longobardi durò più di due secoli dal 568 al 774 e fu fondamentale nello sviluppo della nuova civiltà italiana distinta da quella romana. I Longobardi non avevano nè la conoscenza nè il rispetto per la civiltà romana che Odoacre o Teodorico avevano avuto. Essi rimasero fedeli alla loro lingua, ai loro costumi e alle loro leggi. Infatti essi tentarono di imporre la loro cultura germanica sulle popolazioni italiane. Non vi riuscirono, ma non vi è dubbio che fu appunto in questo periodo che alcuni dei più importanti cambiamenti nella cultura romana ebbero luogo. Consideriamo per un momento la lingua; è in questo periodo precisamente che il maggior numero di parole di origine germanica entrano nel vocabolario italiano. Per esempio la parola per "guerra" in latino era *bellum* e la troviamo ancora in derivativi come "belligerante," "bellicoso"; ma è ovvio che la parola che usiamo oggi "guerra" e di altra derivazione. Infatti essa è di origine germanica ed è l'equivalente della parola inglese *war*, e tutte e due derivano dall'antico termine germanico *whar*. E così anche per la parola "guardare" che è l'equivalente dell'inglese *ward*, sorvegliare, nel senso militare o guerresco.

I Longobardi, che influenzarono non solo la lingua ma altre istituzioni romane, furono parte della ultima grande invasione dal nord di popoli detti "barbari." Ma l'Italia ha continuato a ricevere "ospiti" non graditi fino a pochi anni fa. Nel nono secolo i Saraceni s'impossessarono della Sicilia che dominarono per circa un secolo; nel secolo tredicesimo i Normanni invasero l'Italia meridionale e riuscirono a conquistare anche la Sicilia. Nel frattempo i Francesi e gli Spagnoli cominciavano a gettare sguardi avidi sulla penisola e nel Cinquecento si dedicarono seriamente alla conquista dell'Italia. Nel Seicento, prima i Francesi e poi gli Spagnoli controllavano direttamento o indirettamente tutta l'Italia. Napoleone creò il primo regno d'Italia nel Settecento ma lo fece per sua propria gloria e non per gli Italiani, e quando finalmente fu mandato in esilio a Sant'Elena ritornarono gli Austriaci che da un bel po' di tempo già avevano rimpiazzati gli Spagnoli. Fu contro l'Austria che l'Italia combattè le sue guerre per l'indipendenza durante il Risorgimento. Gli ultimi ospiti in Italia sono stati i rappresentanti di diversi popoli come conseguenza della seconda guerra mondiale, e tra questi ci sono stati anche i nostri rappresentanti e cioè i soldati americani. Ma dal 1945 tutti gli ospiti, abbiamo visto, vengono dietro invito e di solito arrivano con qualche soldo in tasca che spendono in Italia, creando quella grande industria del turismo che è molto più redditizia e piacevole delle invasioni, siano esse barbariche o no!

6

Città e provincia

Pochi anni fa succedeva molto spesso di vedere nei giornali e nelle riviste italiane, nei notiziari della televisione, o di sentire nelle trasmissioni della radio, resoconti di uno spettacolo che si ripeteva ogni giorno alla stazione di Milano e che era diventato il simbolo di uno dei più importanti cambiamenti nella struttura sociale dell'Italia. La scena di solito è di mattina molto presto. Da una parte della stazione dove sono in partenza o in arrivo i velocissimi treni per gli altri centri europei o per la capitale Roma, si vede un continuo andirivieni di uomini ben vestiti, piuttosto assorti in pensieri gravi, e in gran fretta. La borsa di fino cuoio che portano li distingue subito come uomini d'affari. Questi signori rappresentano la nuova classe dirigente nella vita economica del paese dopo la seconda guerra mondiale. Questa vita economica, come vedremo in un capitolo seguente, raggiunge un'intensità ed una ricchezza fino ad ora sconosciute nella vita italiana. In un altro canto della stazione, su un binario secondario si vede un treno fermo, vuoto, dai vagoni vecchi, i sedili di legno ed in generale in condizioni deplorevoli. Il treno è vuoto perchè i passeggeri sono tutti scesi. Ma a differenza degli altri passeggeri degli altri treni dall'altra parte della stazione, questi passeggeri non solo non sembrano aver fretta ma infatti sono, per così dire, accampati nella stazione perchè almeno per il momento non sanno dove andare. Le valigie di cartone, legate con una cordicella, le sporte in cui la colazione, il pranzo, e la cena per le giornate di viaggio era stata riposta sono ormai vuote. I passeggeri seduti per terra, o sulle scarse panchine, gli occhi ancora pieni di sonno, hanno i vestiti spiegazzati e i capelli spettinati. Dal dialetto che parlano, è facile capire che questi passeggeri vengono dal mezzogiorno, infatti sono quasi tutti di provenienza o dalla Sicilia o dalla Calabria o dalla Basilicata. E così, stanchi, circondati dalle poche cose che rappresentano tutto ciò che possiedono in questo mondo, e da numerosi bambini dai grandi occhi dalla espressione grave, attendono. Attendono con la pazienza e la rassegnazione che secoli di sofferenza hanno insegnato loro. Attendono un parente, un amico, un paesano che li ha preceduti nella grande città, che ha promesso di venirli a prendere, e che li aiuterà a cominciare una vita completamente diversa da quella al piccolo paese.

Nel periodo in cui questa emigrazione interna aveva raggiunto il massimo dell'intensità, tra 100 e 150 persone arrivavano a Milano ogni giorno. Lo stesso, anche se con cifre inferiori, succedeva a Torino, a Genova ed in quasi tutti i centri industriali del nord. Non solo, ma nello stesso mezzogiorno i contadini abbandonavano il paese per la città in cerca di un'occupazione che permettesse loro di guadagnare abbastanza per potere godere un po' dell'abbondanza materiale della vita moderna. Questa mobilità dell'individuo da un luogo all'altro, le nuove possibilità di lavoro, e la mobilità nella scala sociale che queste nuove circostanze economiche permettono, stanno cambiando la struttura sociale dell'Italia. Nondimeno le differenze di classe continuano a esistere in Italia, ben distinte e in numerose suddivisioni. Le possibilità di miglioramento economico tendono a far scomparire queste distinzioni di classe ma la tradizione di secoli rende questo processo di livellamento sociale lento e penoso, specialmente nelle comunità rurali dove la forza della civiltà moderna arriva lentamente e molto indebolita. In alcune regioni del mezzogiorno, si possono trovare distinzioni sociali di classe che possono essere tracciate direttamente a due mila anni fa.

Ma vi è un'altra mobilità che gli Italiani hanno acquistato negli ultimi anni, che ha veramente rivoluzionato la loro vita. I viaggiatori che tornarono in Italia dopo la lunga e forzata assenza della seconda guerra mondiale si accorsero subito che una trasformazione fondamentale era avvenuta in Italia. La "motoretta" era diventata allo stesso tempo una fissazione ed una necessità nazionale. La bicicletta era ancora il mezzo più comune di trasporto, ma anche il più povero degli operai, o prima o dopo, riusciva a mettere un piccolo motore sulla vecchia e fedele bicicletta e così diventava "motorizzato." Poi vennero le "vespe" e le "lambrette," quindi le piccole Fiat 500, seguite dalle Fiat 600, e così via finchè oggi le motorette sono quasi scomparse nelle grandi città. Il numero di automobili è aumentato negli ultimi anni in modo incredibile e gli Italiani delle città hanno scoperto la provincia, e gli abitanti delle province hanno scoperto le città. La rete di autostrade in continua espansione permette oggi a qualsiasi Italiano di conoscere il proprio paese. Prima che l'Autostrada del Sole fosse costruita, tra Bologna e Firenze, ci volevano quasi quattro ore per il viaggio in macchina tra queste due città, per una strada di montagna difficile e faticosa. Oggi si va in automobile da Firenze a Bologna, o viceversa, in quarantacinque minuti. Non è raro che dopo pranzo un fiorentino decida di andare a prendere il caffè a Bologna, specialmente se non ha altro da fare, o che un bolognese decida di andare ad una partita di calcio a Firenze di domenica. Allo stesso modo il piccolo commerciante o l'impiegato governativo di Roma può la domenica fare una scappata a Tivoli a visitare la famosa Villa d'Este, o d'estate può andare alla spiaggia ad Ostia, o di primavera andare così, semplicemente sulla Via Appia, a fare una scampagnata. Nondimeno anche con i mezzi moderni di trasporto, il distacco tra la città e la provincia è ancora considerevole, con tutto il progresso che si è fatto in questi ultimi anni. Per poterci rendere conto quanto più profondo fosse questo distacco tra città e provincia (un fenomeno quasi sconosciuto qui in America) pochi anni fa, consideriamo per un momento un libro intitolato *Cristo si è fermato a Eboli*, di Carlo Levi, un libro uscito nel periodo di fioritura letteraria nell'immediato secondo dopoguerra. Carlo Levi è di Torino, una delle più ricche ed industrializzate città europee. Carlo Levi è medico per educazione, pittore per vocazione, e scrittore di professione. Durante la dittatura fascista, Carlo Levi fu arrestato parecchie volte per opposizione politica alla dittatura e finalmente nel 1935 fu mandato al "confino" per due anni. Mandato al confino vuol dire che fu confinato in un piccolo villaggio del mezzogiorno, di qualche centinaia di abitanti, e completamente isolato: senza posta o libri, senza telefono o giornali, senza amici o conoscenze, senza famiglia, e sotto continua sorveglianza della polizia locale. Era questo un sistema molto efficace inventato dal governo fascista per togliere dalla circolazione individui che si erano resi politicamente persone non grate. Negare ad un intellettuale come Carlo Levi la vita culturale di una grande città in cui era così coinvolto, e costringerlo alla vita squallida e monotona di un piccolo paese della Basilicata era come togliere l'acqua ad una pianta. Senza acqua la pianta appassisce e sarebbe stato ragionevole aspettarsi che Carlo Levi appassisse intellettualmente. Invece questa esperienza divenne la fonte d'ispirazione di una delle più sentite e commoventi opere della letteratura italiana del dopoguerra e cioè *Cristo si è fermato a Eboli*. Il titolo in un certo senso viene a confermare quel golfo che esiste in Italia tra la provincia e la città. Eboli è una piccola città non lontano da Salerno nella Campania meridionale. Secondo una leggenda locale che

Levi riassume nel titolo, si racconta che quando Cristo scese in terra e venne in Italia Egli si spinse al sud fino ad Eboli. Qui si fermò e non andò più oltre perchè la terra a sud di Eboli è stata dimenticata da Dio e dagli uomini.

Questo giudizio degli abitanti su se stessi e sulla loro terra è un chiaro riconoscimento del loro distacco dal resto del loro paese. Levi racconta che ogni tanto in case di contadini della zona, si vedevano attaccati alle pareti delle riproduzioni di ritratti di Franklin D. Roosevelt che era chiamato il presidente. Se si chiedeva agli stessi contadini chi fosse il re d'Italia (l'Italia era allora un regno) e cosa sapessero del governo di Roma, la risposta era di solito una scrollata di spalle ed un'espressione d'impotente ignoranza che voleva dire: e chi ne sa niente! La fotografia di Roosevelt era stata mandata da un parente, da un figlio, da un marito, dall'America, la terra promessa dove anche coloro dimenticati da Dio e dagli uomini potevano aspirare ad un destino migliore. Una storia commovente e allo stesso tempo quasi incredibile. Il libro di Levi è un ottimo libro. Egli riesce a farci rivivere la sua esperienza in un mondo così diverso che esiste a soltanto duecento miglia da Roma. Il Levi parla della provincia in Italia; ma la provincia vuol dire tante cose e la provincia in Lombardia è ben diversa dalla provincia in Calabria.

Oggi questo golfo tra provincia e provincia e tra città e provincia tende a scomparire. Il contadino del sud per forza di cose ha dovuto trovare un'altra terra promessa. L'emigrazione nei nuovi continenti è quasi totalmente interdetta; ma chiunque può comprare il biglietto può emigrare dal sud di Eboli in Piemonte o in Lombardia. La città e la provincia sussistono, ma ripetiamo, il golfo che li divideva pochi anni fa tende a scomparire. La televisione e la radio tendono anche esse a minimizzare le differenze, ma quella originalità della cultura italiana che nasce appunto dalle differenze regionali e tra città e provincia continuerà come una forza essenziale della cultura italiana per molto tempo ancora.

7

Pane e vino

Un romanziere contemporaneo italiano di nome Ignazio Silone scrisse, parecchi anni fa, un libro intitolato *Pane e vino.* Il libro fu pubblicato verso il 1935 durante la dittatura fascista e fu scritto fuori d'Italia, in un paese straniero dove il Silone era dovuto rifugiarsi per sfuggire alla persecuzione politica. *Pane e vino* è un ottimo romanzo; è un romanzo sentito profondamente dall'autore. Il protagonista simbolico, rappresentato attraverso diversi personaggi, è il contadino degli Abruzzi, la regione dove il Silone stesso era nato; il povero contadino la cui durissima vita è rivolta costantemente alla lotta giornaliera per l'esistenza, per procurarsi il cibo per sopravvivere, ossia il pane e il vino. Il libro è stato tradotto in più di venti lingue ed anche in inglese dove è apparso sotto il titolo di *Bread and Wine.* La traduzione è ovviamente corretta; eppure c'è qualcosa che non va, qualcosa che non suona giusto all'orecchio perchè l'immagine che il titolo italiano *Pane e vino* fa sorgere nella mente dell'ascoltatore italiano è ben diversa da quella che il titolo *Bread and Wine* suscita nell'immaginazione del lettore americano. Noi, qui negli Stati Uniti, se parliamo di lotta giornaliera per l'esistenza, parliamo piuttosto della lotta per *bread and butter* e non per *bread and wine.* Infatti l'espressione usata in quel senso ci sembrerebbe alquanto ridicola come del resto a un italiano sembrerebbe strana l'espressione la lotta per il pane e il burro. Il vino per il contadino italiano non è mai stato una bevanda speciale che si beve soltanto nelle occasioni speciali; non è un articolo di lusso

che si trova soltanto alla tavola dei ricchi, e non serve per ubriacarsi i giorni di festa. Il vino per il povero contadino italiano è parte essenziale del cibo giornaliero, bevuto a sorsi mentre si mastica il duro pezzo di pane. E così alla tavola dell'operaio, del commerciante, del professionista italiano il vino occupa un posto importante a tutti i pasti. Del resto la vite, l'uva ed il vino, esistono in Italia dai tempi prima di Roma. Gli antichi Romani usavano il vino come parte del loro vitto giornaliero e i Romani del secolo ventesimo e i loro compatriotti continuano a fare lo stesso. È vero che tra la gioventù moderna italiana c'è chi preferisce una bibita straniera, venuta d'oltre oceano e chiamata coca-cola; ma sembra che questa sia una semplice moda passeggera che presto sparirà anche perchè in Italia un bicchiere di vino costa molto meno di una bottiglia di questa bevanda esotica.

Ma torniamo al pane e al vino; alla lotta per l'esistenza, alla vita dura, alla povertà e alla ricchezza come queste si presentano nella vita italiana. Tradizionalmente e fino all'anno 1860, anno in cui l'Italia finalmente riacquistò la sua indipendenza, l'Italia era considerata un paese politicamente inesistente e economicamente arretrato. D'allora in poi le cose sono molte cambiate ma, oggi come oggi, l'Italia è un paese povero o ricco? Per uno straniero che arrivi all'aeroporto di Fiumicino e proceda in macchina al suo albergo a Roma, o per un altro viaggiatore che scenda alla stazione di Milano e si affacci sulla piazza di fronte, l'Italia sembrerà tutt'altro che un paese povero. I grattacieli di Milano, il traffico costante di migliaia e migliaia di macchine sulle sue strade (circa un milione di automobili portano la targa di Milano); le lussuose vetrine dei negozi di Roma, l'opulenza dei suoi locali pubblici, e l'aspetto dei Romani che si mostrano ben vestiti e ben pasciuti, sembrano testimonianze chiare che l'Italia è un paese ricco. Certo è che negli ultimi cinquant'anni e specialmente negli ultimi dieci anni, l'Italia ha fatto economicamente dei progressi incredibili.

Quello che gli Italiani chiamano il miracolo economico o il *boom* è l'avvenimento più importante del secondo dopoguerra. Due fattori hanno contribuito principalmente a questo successo italiano: il mercato comune d'Europa e l'espansione industriale del paese. Nondimeno e malgrado i grandi progressi di questi ultimi anni, l'Italia è ancora oggi considerata da molti un paese povero. Cerchiamo di spiegare questa apparente contraddizione. Se quello stesso viaggiatore immaginario che abbiamo visto arrivare a Roma o a Milano si spingesse, lasciando Roma, verso il meridione e se arrivasse nella Basilicata o nella Calabria e di lì si spingesse fino a qualche piccolo villaggio degli Appennini tra i contadini del luogo, scoprirebbe delle condizioni economiche che gli farebbero sospettare di essersi addirittura spostato in un altro paese. Lo stesso si può dire di molte altre zone del mezzogiorno che ancora oggi, in molti sensi, è una zona economicamente depressa su cui si concentrano gli sforzi del paese per migliorarne le condizioni. Insomma hanno ragione quelli che dicono che l'Italia è un paese povero e non hanno torto quelli che sostengono che l'Italia è un paese ricco. Infatti mentre politicamente c'è ormai una sola Italia da più di cento anni, economicamente continua a sussistere la divisione secolare dell'Italia settentrionale prospera, e dell'Italia meridionale povera. Ma non è sempre stato così; anzi al tempo degli antichi Romani la situazione era quasi il contrario. Cerchiamo ora di esaminare queste due Italie e di renderci conto perchè nello stesso paese l'operaio di Torino sta tanto meglio del povero contadino della Sicilia.

Cominciamo con l'Italia settentrionale. È qui che si può veramente parlare di miracolo economico e di *boom*; ed è qui che si trova la chiave della nuova prosperità economica del paese. L'Italia settentrionale è riuscita negli ultimi anni a raggiungere un livello economico eguale e anche superiore a quello del resto dell'Europa, attraverso la ricostruzione e l'espansione della sua industria. Il triangolo Milano, Torino,

Genova rappresenta una delle più ricche zone industriali d'Europa: Torino come centro dell'industria automobilistica (Torino si può chiamare la Detroit dell'Italia), Genova come porto e come centro dell'industria siderurgica, e Milano (senz'altro la più importante delle tre città) come il centro finanziario, industriale e commerciale di tutta l'Italia. Qui nell'Italia settentrionale si trova il 60% del territorio italiano e il 63% della popolazione. Delle dieci maggiori città italiane soltanto Napoli e Palermo non sono situate in questa zona. È qui che troviamo la migliore regione agricola dal punto di vista di fertilità del terreno e d'abbondanza d'acqua. Soltanto il 23% del terreno italiano è piano e allo stesso tempo fertile, e la gran maggioranza di questo terreno si trova lungo il Po in Lombardia, in Emilia e nel Veneto. Nondimeno anche questa terra, che sembra essere stata dotata generosamente, rimane terra povera dal punto di vista di materie prime, di risorse naturali; e la realtà irrifiutabile è che l'Italia non è nei tempi moderni mai riuscita a produrre abbastanza cibo da provvedere a tutta la sua popolazione. Per questa ragione l'Italia deve importare dall'estero grandi quantità di viveri e deve perciò produrre ed esportare prodotti industriali per potere coprire le spese delle importazioni. Nello sviluppo dell'industria di questi ultimi anni, non dimentichiamo che gli Stati Uniti hanno contribuito sostanzialmente con l'investimento di grandi capitali; e l'entrata dell'Italia nel mercato comune nel 1958 ha creato un mercato enormemente ingrandito per i prodotti italiani che fino ad allora trovavano un mercato favorevole soltanto in Italia. Tra tutte le industrie le più importanti sono quelle di automobili, di macchine agricole, di prodotti elettrici, i cantieri navali, la manifattura dei tessuti, l'industria chimica e i generi alimentari, specialmente pasta e frutta in scatola. Ma come abbiamo veduto in un altro capitolo, il turismo è la più grande di tutte le industrie italiane. Milano è il cuore del commercio e della industria italiana. Milano, la vecchia *Mediolanus* del medioevo già riconosciuta in quell'epoca come un centro commerciale, è la capitale europea dell'industria della lana. Oggi la Lombardia di cui Milano è il capoluogo, è in tutti sensi la regione più prospera dell'Italia come del resto una delle più ricche dell'Europa e del mondo. Nella provincia di Milano, il reddito medio annuale per capita è il doppio della media nazionale, e ben quattro volte quello della provincia di Cosenza in Calabria.

Nel mezzogiorno la situazione è ben diversa. Non che non si siano fatti progressi anche qui, ma rimane ancora tanto da fare. Abbiamo detto che il mezzogiorno, ossia la parte meridionale della penisola e le isole di Sicilia e Sardegna, in tempi antichi era una regione famosa per la fertilità della sua terra, per la ricchezza dei suoi monti e foreste, e per il commercio e l'industria che vi fiorivano. Quasi tremila anni fa, i Greci si stabilirono in questa zona fondando colonie che diventarono città famosissime e centri di cultura. Basta ricordare Siracusa in Sicilia. Il viaggiatore di oggi che si spinge nelle montagne della Sila in Calabria trova ancora oggi una vegetazione densissima come la trovarono i Greci quando otto secoli a.C. vi fondarono le prime colonie. Ma oggi le foreste della Sila sono una piccola eccezione nella vasta e denudata superficie degl'Appennini della regione che è oggi considerata la più povera di tutte le regioni d'Italia e una delle più povere d'Europa. Tremila anni sono un lungo periodo e in tanti anni molte cose possono succedere, nondimeno come si spiega il fatto che questa regione che nell'antichità, sotto il nome di *Magna Graecia*, era considerata una delle più fiorenti del mondo occidentale, è oggi ridotta a tale povertà? Secondo gli esperti, la causa di questo cambiamento è il secolare disboscamento ininterrotto che ha ridotto la regione allo stato attuale di povertà. Il disboscamento ha due conseguenze particolarmente nocive: la perdita dello strato fertile del terreno che viene portato via dalle

Polli
Coniglio
Piccioni

piogge e l'accumulazione di questo terreno alle foci dei fiumi con la formazione di paludi e la creazione di condizioni ideali per la diffusione della malaria. Notiamo fra l'altro che la parola "malaria" è una parola italiana e vuol dire letteralmente aria cattiva, e siccome si credeva che la malattia, la malaria, venisse appunto dalla cattiva aria specialmente di notte, era abitudine di tenere le finestre chiuse. La malaria raggiunse la sua più grande diffusione nel secolo scorso quando intere regioni e centinaia di migliaia di abitanti ne soffrivano le terribili conseguenze. Oggi la malaria è quasi scomparsa in Italia perchè le misure necessarie per la lotta contro questa micidiale malattia sono state prese e si continuano a prendere. Come abbiamo detto sopra, si fanno progressi continui e il mezzogiorno dovrebbe raggiungere le stesse condizioni dell'Italia settentrionale in qualche decennio ancora. Questa può sembrare una visione troppo rosea dell'avvenire ma i fatti sembrano giustificarla. Nel 1961 per la prima volta il ritmo di sviluppo economico nel mezzogiorno superò quello del nord. La fondazione della Cassa del Mezzogiorno, ossia un fondo speciale stabilito dal governo italiano per lo sviluppo dell'industria e dell'agricoltura nel mezzogiorno, ha avuto risultati inaspettati. Una legge adottata nel 1957 richiede che, in tutte le industrie controllate dal governo italiano, il 40% dei nuovi investimenti di capitale e il 60% di riinvestimenti devono essere fatti nel mezzogiorno. Negli Stati Uniti una legge simile sarebbe di poca importanza ma in Italia dove il governo è padrone di metà dell'industria siderurgica, di un ottavo dell'industria meccanica, e di quasi tutta l'industria chimica, di quasi tutte le banche e le compagnie di assicurazioni, una legge del genere ha avuto importanti e benefiche conseguenze per il mezzogiorno. Ma anche l'industria privata, attirata dai sussidi governativi e da forti riduzioni nelle tasse, si viene sviluppando nel sud e fabbriche di tutte le speci e in tutte le industrie sono sorte attraverso tutto il mezzogiorno. Anche la più grande di tutte le industrie italiane, quella del turismo arriva finalmente nel mezzogiorno. Ancora oggi la maggior parte dei turisti stranieri che visitano l'Italia, visitano i grandi centri del nord o dell'Italia centrale. Ma quanti scendono al sud di Roma? Ben pochi! Ed anche in questi casi molto raramente essi proseguono più in giù di Napoli. Quelli che vogliono visitare la Sicilia si recano di solito direttamente a Palermo o per mare o in treno. La costruzione delle autostrade nel mezzogiorno, il crescente numero di buoni alberghi e di strade secondarie portano ogni anno un numero maggiore di turisti e con loro un cambiamento non solo nel livello economico ma anche nella mentalità passiva e in quel senso di disperazione impotente che per secoli, come la malaria, ha indebolito il mezzogiorno. E con il progresso, con la visione di condizioni migliori, il contadino del sud comincia a sognare una vita migliore. Più importante ancora egli non si contenta più di sogni, ma vuole che questi diventino realtà, ed una realtà immediata. Non potendo realizzare questi sogni nel piccolo paese egli emigra come i suoi antenati. L'emigrazione nel mezzogiorno è ormai una tradizione secolare. Ma mentre cinquanta anni fa i contadini del sud emigravano all'estero, nell'America del sud o del nord, essi oggi emigrano dal piccolo paese al piccolo centro, dal piccolo centro alla città, e dalla città ai centri industriali del nord come abbiamo già costatato.

Ma vi è un'altra "industria," se così vogliamo chiamarla, che in Italia occupa un posto speciale e rimane, anche nel mondo moderno di grandi ditte industriali e di automazione, una delle forze della società italiana, ossia l'artigianato. Tutta l'industria della ceramica, del vetro, della lavorazione dell'argento rimane ancora l'arte tramandata di padre in figlio per la produzione di oggetti che, se non sono capolavori d'arte, sono però l'opera individuale, i prodotti di un mestiere che si è venuto perfezionando attraverso secoli. È un modo difficile di guadagnarsi il pane (ed il vino) ma che offre delle soddisfazioni che la civiltà industriale non può offrirci.

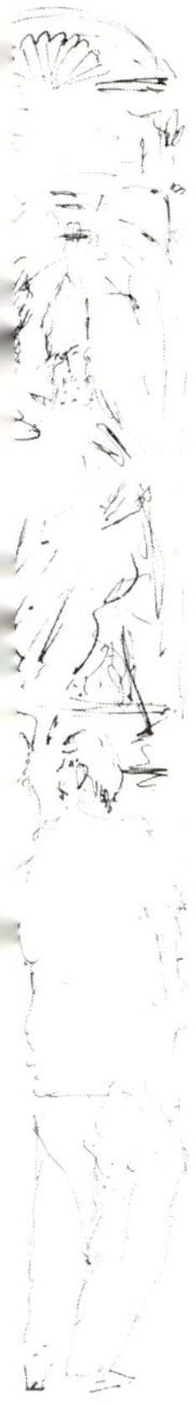

8

La dolce vita e la vita dura

È impossibile immaginare che ci sia un solo turista straniero che abbia visitato Roma e che non si sia recato in Via Veneto. Questa via è il centro della vita mondana di Roma, specialmente di quella società internazionale che periodicamente si riversa sulla capitale italiana. Via Veneto non è una via molto lunga, anzi la parte di cui stiamo parlando, ossia la mecca dei turisti, è lunga forse soltanto due o tre isolati. La via è fiancheggiata da alberghi e altri palazzi di cinque o sei piani che in una città come Roma non presentano nessuna attrattiva speciale nè dal punto di vista architettonico nè da qualsiasi altro punto di vista. Davanti a questi edifici, sui marciapiedi, ci sono centinaia di tavolini ordinatamente allineati in varie file e che appartengono ai numerosi caffè che si susseguono uno dopo l'altro lungo la via. Nelle ore di punta ci si muove con grande difficoltà nello stretto corridoio lasciato per i passanti al centro del marciapiede. Lungo l'estremità del marciapiede delle piccole aiuole ben curate di fiori di stagione, piante allineate a intervalli regolari, e gli ombrelloni multicolori dei vari caffè diventano gli elementi esterni e visivi che creano l'atmosfera di quel modo di vivere che ormai viene descritto con l'espressione italiana "la dolce vita". Questa espressione non è nè nuova nè originale; la sua recente popolarità risale alla pellicola italiana dell'ultimo dopoguerra che portava appunto il titolo di *La dolce vita* e che fece tanto furore in tutto il mondo. La pellicola trattava appunto della vita menata da certi individui in quel mondo internazionale mondano e corrotto e di cui gli ingredienti principali sono l'ozio e il vizio. È importante notare che la pellicola non era intesa comme difesa di questo modo di vivere, anzi essa infieriva contro l'immoralità, l'irresponsabilità e la futilità dei protagonisti, sottolineando che questo stato di cose è un riflesso della società moderna, non solo italiana ma di tutto il mondo. Ma il fatto che la pellicola era stata diretta da uno dei più conosciuti registi italiani, Fellini; che portava un titolo italiano che non si traduceva facilmente (infatti la pellicola girò tutto il mondo con il titolo in italiano); che essa si svolgeva a Roma; tutto questo contribuì a dare un'impressione falsa di quello che la vita è a Roma oggi per i Romani e in generale in Italia per gli Italiani. Del resto non sarebbe la prima volta che all'Italia e agli Italiani vengano attribuiti esclusivamente quelli che sono poi vizi e debolezze umane. È un fatto ben risaputo che per secoli l'Italia è stata la terra degli svaghi, una specie di paese della cuccagna dell'Europa dove affluivano i turisti dei paesi del nord in cerca non solo del clima mite, delle bellezze naturali del paesaggio, delle vestigia di grandi civiltà passate, dei musei ricchissimi di opere d'arte, ma anche e specialmente perchè in Italia, per qualche misteriosa ragione, si riusciva a godere la vita in un modo che non sembrava possibile in casa propria. Non troppo tempo fa uno dei libri più letti in America era un volume intitolato *The Italians* di Luigi Barzini, Jr. Il libro per molti mesi fu a capo dell'elenco dei *bestsellers* negli Stati Uniti. (Gli Italiani, come, del resto quasi tutti gli altri popoli, usano la parola americana *bestseller* che a quanto pare rimane intraducibile). Il Barzini dedica un capitolo intero del suo libro, il terzo, a descrivere ed ad analizzare questo strano fenomeno, e sebbene non gli riesca scoprire le cause pure egli può in modo convincente dimostrare che infatti da secoli esiste questo mito, o realtà, che in Italia è possibile godere la vita come non si può in altri paesi. Al turista straniero che visita l'Italia sembra che gli Italiani riescano a portare anche negli avvenimenti giornalieri e nelle esperienze più banali un certo non so che, che permette loro di derivare da essi una gioia di vivere, una pienezza di godimento che non ha niente a che fare nè con la ricchezza nè con l'abbondanza di risorse. Anche i poveri in Italia, si dice, riescono a trovare un minimo di felicità anche nella loro povertà, che spesso sorpassa di gran lunga quella di popoli più fortunati che godono di un benessere materiale molto maggiore. Mito o realtà? È difficile dire ma, con il Barzini, siamo convinti che non è una semplice invenzione della Camera di Commercio dell'Italia. Forse l'esempio più convincente possiamo trovarlo nelle condizioni che prevalevano in Italia immediatamente dopo la seconda guerra mondiale, nel periodo dal 1945 al 1947. L'Italia era appena uscita da una guerra disastrosa che era costata agli Italiani un prezzo enorme di sangue e di dolore. Il loro paese era stato invaso tanto dagli Alleati come dai Tedeschi. L'industria era quasi in uno stato totale di distruzione; il commercio non esisteva più, e le limitate risorse nazionali erano state sperperate nella guerra. Politicamente, il paese doveva trovare una nuova via; socialmente, profonde riforme erano necessarie. Altri paesi alla fine della guerra si trovarono o in simili o in peggiori condizioni, ma in Italia la situazione era forse unica perchè appunto quella fiducia nella vita che caratterizza il temperamento italiano fu di grande aiuto, e gli Italiani seppero riprendere la loro esistenza con una fede e con una determinazione che faceva esclamare "gli Italiani hanno perso la guerra, ma hanno vinta la pace."

Ritornando a quello che abbiamo detto a proposito di *La dolce vita*, possiamo ora considerarla in una più giusta prospettiva. Il Fellini con la sua pellicola riuscì a darci una mordace satira, un giudizio spietato su una parte della nostra società che ha perso il suo senso di responsabilità. Ma la cosa da ricordare qui è che la pellicola diventò famosa perchè era un'opera d'arte, un'opera di valore. La sua essenza non è che il mondo di cui tratta è particolarmente italiano o romano, ma che tratta di un difetto, di una debolezza umana, come essa si manifesta a Roma. Dopo tutto a Roma ci sono ormai quasi due milioni e mezzo di abitanti e quelli che partecipano alla dolce vita sono al massimo poche centinaia. Per chi invece voglia acquistare una migliore e più esatta conoscenza dei Romani, non vi è miglior modo che di leggere i *Racconti Romani* di Alberto Moravia uno scrittore di fama internazionale, romano anche lui, che conosce bene il suo popolo. Questo è tutto un altro mondo da quello della dolce vita. Questo è il mondo del popolino romano, dell'operaio, dell'impiegato, del piccolo commerciante, del negoziante, insomma di quella classe che chiamiamo la piccola borghesia. La vita in questo ambiente è vita dura in quanto i lussi sono pochi ed il lavoro è molto e duro. Ma è appunto da questa mancanza di affluenza che sembra scaturire quel concetto così umano della vita che può rendere una scampagnata fuori città lungo la Via Appia una fonte di piacere superiore ad un'opulenta festa data da un milionario in una lussuosa villa sulla stessa Via Appia. Nella comune lotta per rendere la vita più sopportabile, sentiamo lo sforzo di ridurla a proporzioni comprensibili per l'umanità. Una vita senza impossibili sogni, una vita senza quella disciplina stoica che nel nome di una legge o un regolamento creato dagli uomini fa nascere la sofferenza ed il dolore per questa stessa umanità. È questo forse il segreto degli Italiani che permette loro di fare della vita qualcosa di più umanamente accettabile? Di nuovo bisogna ammettere che la domanda non trova facile risposta, ma leggendo i *Racconti Romani* di Moravia si capisce un po' più profondamente la vita come la concepiscono i Romani. Un altro detto che trova molta eco quando si parla dell'Italia è che in questo paese i psichiatri muoiono di fame. Con questo si vuol dire che in Italia quelle aberrazioni mentali che sembrano essere diventate un'epidemia in tutto il mondo ricorrono con molta minore frequenza. Mito o realtà? Il fatto è che in Italia il numero di psichiatri è di media inferiore a quello degli altri paesi occidentali e che gli Italiani a quanto pare non sentono il bisogno di aumentarlo. Certo nell'ambiente in cui si muovono i personaggi di Moravia non si sente parlare di psichiatri. Non che non esistano problemi, ma essi vengono risolti in altri modi, in altre maniere, che forse sono scientificamente inaccettabili ma umanamente efficaci.

Finora abbiamo parlato soltanto dei due estremi della popolazione di Roma. Bisogna ora rendersi conto che tra le centinaia di seguaci della dolce vita e le centinaia di migliaia di piccoli borghesi che popolano i racconti di Moravia, vi sono altre centinaia di migliaia di individui della così detta, media borghesia, o ceto medio. E questo è vero non solo per Roma ma per tutta l'Italia. La società italiana è ancora distinta in varie classi o ceti. Abbiamo notato in un altro capitolo che c'è in Italia una certa mobilità di individui tra una classe sociale e l'altra. Nondimeno le differenze fra le varie classi rimangono ancora oggi ben distinte e questa rigidità è considerata da molti sociologi uno dei maggiori problemi incontrati dall'Italia nel suo sviluppo in paese moderno. Per esempio soltanto un milione di famiglie, su una popolazione che comprende ben tredeci milioni di famiglie, appartiene alla classe che gli Italiani chiamano la classe dirigente del paese. Questa è la classe che comprende gli intellettuali, i professionisti, gli uomini d'affari, la nobiltà ed il clero. Tra tutti questi, gli intellettuali continuano ad essere l'elemento più attivo e tra loro trovano l'iniziativa quasi tutti i nuovi movimenti sociali o politici. Questa è una situazione molto diversa da quella che notiamo nel nostro paese dove gli intellettuali rimangono quasi sempre alla periferia, e la forza della nostra società si trova nella media borghesia. In Italia invece anche uno studio superficiale ci rivelerà che, dalla fine della seconda guerra mondiale, quasi tutte le personalità importanti nella vita politica dell'Italia appartengono a questa classe e sono cioè professori, scienziati, avvocati, etc. Oltre la classe dirigente esistono in Italia altre tre classi sociali tutte molto più grandi di questa. La piccola borghesia dei racconti di Moravia che naturalmente esiste in tutte le città d'Italia e che comprende pressappoco il 33% della popolazione. La classe operaia pressappoco della stessa grandezza e che include tanto la mano d'opera specializzata come i semplici manuali. È questa la classe che cresce a ritmo più veloce perchè con l'industrializzazione del paese è in questa classe che esistono le maggiori e migliori opportunità di lavoro. Il più grande numero dei nuovi arrivati nella classe operaia viene dall'ultima delle classi sociali italiane e cioè quella dei contadini e degli agricoltori. Abbiamo già notato che la gioventù tende ad abbandonare i piccoli paesi ed i centri medi dove l'economia è quasi sempre agricola, e dove per secoli ormai troppe persone cercano di guadagnarsi da vivere da una terra già stanca e con sistemi di agricoltura antiquati. Questa emigrazione interna sta cambiando l'Italia. Una cosa però è sempre certa, malgrado la dolce vita della televisione e del cinematografo, la vita per la maggior parte degli Italiani è sempre dura. Nondimeno il mito persiste, e gli Italiani con la loro comprensione della gioia che è la vita e della necessità di renderla piacevolmente sopportabile rimangono sempre maestri di umanità.

9

Alta, media e bassa cultura

Se oggi si facesse un'inchiesta tra un gruppo di Americani di media cultura sull'Italia, i risultati rivelerebbero in generale una conoscenza abbastanza solida di quel paese. Se per esempio si proponessero le seguenti tre domande:

1. Conosce Lei il nome di un poeta o di un romanziere italiano?
2. Sa Lei chi fosse Enrico Fermi?
3. Ha Lei mai visto un film italiano?

in quattro casi su cinque la risposta sarebbe affermativa per tutte e tre le domande. Questa situazione è ben diversa da quella che prevaleva nel periodo dell'immediato dopoguerra nel 1945–1947. Tanto per illustrare con qualche statistica come sia cambiata la situazione, basta ricordare che negli ultimi venti anni si sono tradotte in inglese più opere di letteratura italiana che non si fossero tradotte nei precedenti

30

cento anni. È ovvio che in gran parte questo cambiamento è dovuto al fatto che noi Americani, nel frattempo, siamo diventati molto più cosmopoliti nei nostri interessi e gusti artistici e letterari. Perciò quello che abbiamo detto a proposito dell'Italia potrebbe essere detto a proposito di molti altri paesi. Nondimeno è innegabile che oggi in America la cultura italiana è molto meglio conosciuta che non lo fosse venti anni fa. Come questo cambiamento sia avvenuto è una storia affascinante che vale la pena raccontare, ma prima di cominciare ricordiamo che il milione e mezzo di turisti americani che ogni anno visitano l'Italia hanno senz'altro aiutato a creare questi più profondi legami culturali. Un altro elemento da tenere presente è che nei venti anni che precedettero la seconda guerra mondiale l'Italia, sotto la dittatura fascista, si era sempre più isolata dalla cultura del mondo occidentale e che la guerra aveva ovviamente intensificato questo isolamento. Dopo la guerra le relazioni ricominciarono ma il modo in cui esse ricominciarono fu tanto improbabile quanto inaspettato. Sembrerà strano, eppure furono le macchine da cucire e le macchine da scrivere che dettero il primo impeto.

Tra le centinaia di migliaia di profughi politici che vennero in America prima e durante l'ultima guerra mondiale, ci fu un sarto polacco che costretto a fuggire dal suo paese, arrivò negli Stati Uniti senza un soldo e con un mestiere che era tutt'altro che originale. Non potendo e non sapendo fare altro, si mise di nuovo a fare il sarto in una piccola botteguccia a Nuova York. Molte erano le difficoltà che lo assediavano, ma tra queste un vero guaio era che non gli riusciva trovare una macchina da cucire come la voleva lui. In Polonia lui aveva sempre usata la sua fedele Necchi, una macchina da cucire italiana, poco conosciuta, ma che il nostro sarto considerava la migliore di tutte. Chiese informazioni da dei conoscenti e da altri sarti, ma qui in America nessuno aveva mai sentito nominare questa macchina italiana e nessuno sapeva dove se ne sarebbe potuta procurare una. Finalmente, dopo tanti inutili tentativi, il sarto decise di scrivere in Italia alla piccola fabbrica della Casa Necchi. Passarono dei mesi e finalmente arrivò una risposta. La guerra aveva distrutto tanto, e stavano ancora cercando di rimettere in piedi la fabbrica; appena potevano gli avrebbero mandata la macchina che aveva richiesta. Passarono ancora altri mesi e finalmente, un bel giorno, la macchina arrivò. Il nostro sarto finalmente soddisfatto non mancò di fare sfoggio della sua macchina con gli amici e colleghi i quali cominciarono a venire con sempre maggiore frequenza a usare questa strana e meravigliosa macchina Necchi. Ben presto il nostro sarto cominciò a ricevere richieste da altri sarti affinchè procurasse anche per loro una Necchi. Il nostro sarto contentò gli amici ma le richieste diventavano sempre più frequenti e a un dato momento il nostro si accorse che era più occupato ad importare macchine che a cucire. Per fare una lunga storia breve, il nostro sarto un bel giorno smise di fare il sarto, diventò importatore, e in poco tempo diventò un noto successo commerciale, e il nome Necchi, sconosciuto pochi anni prima, diventò una parola ben nota negli Stati Uniti.

Questa storia non è inventata; è verissima e può essere facilmente riscontrata giacchè era in tutti i giornali non molti anni fa. Le macchine Necchi furono uno dei primi articoli che l'Italia esportò in America dopo la guerra, e uno dei primi anelli della catena di nuove relazioni tra i due paesi. Allo stesso tempo che le macchine Necchi facevano furore in America un'altra macchina italiana, questa volta una macchina da scrivere, cominciava ad affermarsi sul mercato americano, la macchina Olivetti. Per il suo disegno, per la sua funzionalità, e per le sue qualità meccaniche, le macchine da scrivere Olivetti sembravano imbattibili. Non solo, ma presto si scoperse che la Ditta Olivetti fabbricava anche macchine calcolatrici che dopo la guerra erano tanto in richiesta perchè l'industria americana non riusciva a fabbricarne abbastanza.

E così anche il nome Olivetti diventò una parola familiare in America. Alle macchine da scrivere e da cucire, ben presto si aggiunsero le motorette che gli Italiani però continuavano a chiamare con il nome americano di *scooter*. Anche le "Vespe" e le "Lambrette" ebbero la loro moda in America e gli articoli italiani cominciarono ad avere una certa popolarità in America, preparando il terreno per relazioni tra i due paesi di carattere più importante.

La seconda fase dell' "invasione" avvenne attraverso il cinematografo. Quando la fama delle prime pellicole italiane che arrivavano in America dopo la guerra cominciò a spargersi, sembrava quasi una cosa incredibile. Dopo tutto, da quando l'industria cinematografica era nata al principio di questo secolo, gli Americani erano sempre stati i pionieri e i maestri. Hollywood era diventato sinonimo di cinematografo e nessuno in trenta anni era riuscito ad insegnare qualcosa agli Americani quando si trattava di cinema. Come poteva dunque accadere che degli sconosciuti italiani, senza risorse finanziare, senza i mezzi tecnici, in un paese che appena usciva da una guerra disastrosa, potessero venire ad insegnare agli esperti ed ai magnati di Hollywood? Eppure ciò è precisamente quello che avvenne. I famosi classici di quella scuola italiana del cinematografo del dopoguerra chiamato neo-realismo, come *Roma Città Aperta*, *Ladri di Biciclette*, *Riso Amaro*, etc., dicevano una parola nuova come non era stata detta da anni a Hollywood. Da un anno all'altro Roma diventò il centro dell'industria cinematografica italiana e la più pericolosa concorrente di Hollywood. Anche per il cinematografo si potè dire "tutte le strade portano a Roma," e molte furono le dive del cinematografo americano che dovettero mettersi in viaggio e fare il loro pellegrinaggio alla città eterna. La moda del neo-realismo, come tutte le mode, passò, ma il cinema italiano ha continuato ad affermarsi con altri orientamenti e con grande originalità e oggi Roma rimane uno dei centri mondiali di questa arte moderna.

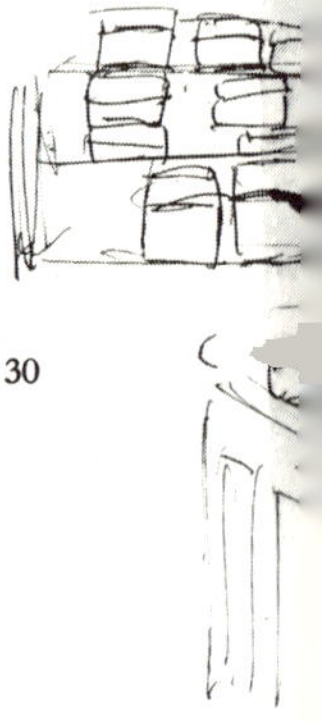

ORARIO
LAVORO
SABATO

L'interesse nel cinema italiano ben presto portò a nuovi e più larghi interessi. L'Italia diventò di moda e tra il 1955 e il 1960 riviste e giornali americani "riscoprirono" l'Italia. A poco a poco, ma con ritmo crescente, gli scrittori italiani moderni e contemporanei furono tradotti, letti, e commentati, diventando anche loro parte della cultura americana. Dopo il 1960, come era inevitabile, il ritmo rallentò. Ma ormai l'interesse nella cultura italiana aveva preso radici profonde e, come abbiamo visto all'inizio di questo capitolo, un'inchiesta rivelerebbe che buona parte degli Americani sono al corrente delle principali manifestazioni della cultura italiana.

Potrà sembrare che forse abbiamo insistito troppo su questo aspetto delle relazioni culturali italo-americane nel dopoguerra. Ma troppo spesso in America si tende a pensare all'Italia dal punto di vista del passato solamente. Si pensa a poeti come Dante e Petrarca, si pensa al Rinascimento e a Michelangelo e Leonardo, si pensa a Galileo e a Palestrina, a Machiavelli ed Ariosto, e sfortunatamente si dimentica che oggi in Italia c'è una cultura attivissima e di grande importanza mondiale. Il centro di questo mondo culturale italiano è Roma. Roma oggi, come capitale del paese, è naturalmente il centro dell'attività politica della nazione, ma Roma è anche il centro intellettuale ed artistico dell'Italia, ed è qui che il giovane scultore o musicista o scrittore trova l'ambiente più favorevole.

Dalla fine della guerra ad oggi, tre premi Nobel sono stati dati a Italiani: uno per la medicina a Daniele Bovet nel 1957, uno per la poesia a Salvatore Quasimodo nel 1959, e uno per la chimica a Giulio Natta nel 1963. Scrittori come Alberto Moravia, Carlo Levi, Giuseppe Berto, Giovanni Guareschi, Tomasi di Lampedusa, sono luoghi comuni nel campo internazionale delle lettere. Marino Marini, Guttuso, sono nomi ben noti nelle arti, e Luigi Nervi è diventato il mago delle costruzioni in cemento armato, mentre Antonioni e Fellini sono considerati due dei maestri del nuovo cinema.

Oggi l'Italia è un paese libero con una cultura viva e profondamente dedicata a problemi reali del mondo moderno. Un'indicazione di come la società italiana stia cambiando in termini culturali si può afferrare dal modo in cui le case editrici italiane si sono moltiplicate e sono ingrandite negli ultimi venti anni. Tutti questi libri che queste case editrici pubblicano deve pur leggerli qualcuno. Venti anni fa un libro che in Italia arrivava alla vendita di diecimila copie era considerato un gran successo. *Il Gattopardo*, di Giuseppe Tomasi di Lampedusa, in Italia vendette circa 250.000 copie, pochi anni fa. Eppure il problema dell'educazione rimane uno dei più gravi per l'Italia, e l'analfabetismo è ancora troppo esteso per un paese civile anche se tra la gioventù l'analfabetismo è una cosa del passato. È quasi impossibile oggi in Italia trovare un ragazzo sotto ai quindici anni che non sappia leggere. Le scuole medie sono sempre più frequentate ed infatti anche le università riscontrano un afflusso di studenti che sarebbe sembrato impossibile quindici anni fa. L'Università di Roma ha oggi quasi cinquantamila studenti, troppi per una struttura universitaria che non è stata sviluppata per l'educazione delle masse, fenomeno e necessità del mondo moderno. Si parla di riforme dell'università da diversi anni, e prima o dopo esse diventerranno inevitabili. Nel frattempo il livello culturale del popolo tende a diventare sempre più alto e in qualche decennio ancora in Italia la bassa cultura, ossia il semi-analfabetismo, non esisterà più.

SOLO OGGI
VOLEVA
UCCIDERE
NON

10

Tempi nuovi, vecchie usanze

Roma, abbiamo visto, è una città molto antica ma è anche una città modernissima. In questo senso anche, Roma è uno specchio fedele del resto dell'Italia. Sotto lo sfoggio dei grattacieli di Milano, c'è sempre l'ombra dell'industrioso lavoratore lombardo che da generazioni riesce a creare la ricchezza dal lavoro e dalla terra. Dietro le ricche e risplendenti vetrine delle strade di Firenze, c'è l'artigianato che da secoli esercita il suo mestiere tramadandolo di padre in figlio. Nel cuore del contadino calabrese che per la prima volta vede un trattore sul suo podere, c'è tutta un'eredità di ostinato attaccamento ad una terra esausta ed ingrata. E nell'animo del Romano che vede la sua città diventare di giorno in giorno sempre più una metropoli dell'avvenire, c'è un'affezione ed una venerazione per ciò che Roma ha rappresentato nel passato. In altre parole, la tradizione continua ad essere una delle più potenti forze sociali in Italia. Le manifestazioni più ovvie della forza della tradizione in Italia si trovano nelle feste religiose e cittadine che continuano ad essere parte della vita locale anche oggi. Quasi ogni città in Italia, grande o piccola, ha un santo protettore, o un avvenimento storico, o una data famosa, o qualche grande personaggio, che serve di pretesto per una giornata o per diverse giornate di festa in cui tutto il paese o tutta la città partecipa. I Romani forse perchè la loro città è tanto carica di personaggi illustri e date storiche, non che di santi e avvenimenti importanti, hanno una festa tutta speciale adatta a far tutti contenti e che in romanesco si chiama la *festa de noantri* cioè la festa di noialtri. In quasi tutte queste feste la gola ha la sua parte e il cibo è uno degli elementi essenziali. Vi è un paese dove durante una di queste feste tutte le fontane pubbliche versano vino; in un altro l'unico cibo è il pesce, il pesce fritto, di cui ognuno può mangiarne quanto vuole senza spendere un soldo perchè è tutto gratis. In altri casi, come per il rinomato palio di Siena, una vecchia usanza è stata adattata ai tempi nuovi con scopi commerciali in quanto il turista è il frequentatore più comune. Nondimeno la festa del paese, del rione, della città ha radici che scompaiono nella storia, ma essa rimane una parte viva della cultura però anche se viene ai patti con il "modernismo" mettendo insieme la festa del santo protettore con un concorso di bellezza per la scelta di Miss Primavera, Miss Italia, o Miss Cinema. Ripetiamo che in queste feste tradizionali la varietà tra paese e paese, tra regione e regione è enorme. Una festa religiosa in Sardegna come quella del patrono dell'isola, Sant'Efisio, è ben diversa da quella di Piedigrotta a Napoli o quella del Redentore a Venezia. Egualmente le specialità della cucina sarda sono molto diverse da quelle napoletane o veneziane. Il turista che visita l'Italia girando da un albergo di lusso ad un altro mangia bene, ma mangia secondo le norme della cucina internazionale che sono le stesse tanto a Parma che a Palermo. Ma nella vera cucina italiana, la cucina locale o paesana, troviamo un'altra sicura e profonda manifestazione della tradizione in Italia. Quando Boccaccio, che scrisse nel Trecento, fa descrivere le gioie supreme della gola da alcuni personaggi del Decamerone, ci parla di piatti che continuano ancora oggi ad essere fonte di piacere per i buongustai. La tradizione e la varietà sono elementi essenziali non solo della cucina italiana, ma della vita italiana. Malgrado la forza livellatrice della cultura moderna, della televisione, del cinematografo, dei giornali, dell'industria basata sull'automazione e la produzione a serie, l'Italia, finora almeno, è riuscita a resistere all'attacco. Per l'avvenire è difficile fare previsioni, ma è certo che ci sono alcune istituzioni sociali in Italia che rimangono a difesa delle vecchie tradizioni. Tra queste la più fondamentale ed importante è la famiglia. La famiglia in Italia sembra inviolabile ed ha una stabilità che non possiede nè in altri paesi d'Europa nè in America. Essa rimane l'entità fondamentale della società italiana su cui s'imperniano quasi tutte le altre relazioni sociali. Le ragioni della stabilità della famiglia in Italia sono molte e diverse. La mancanza del divorzio che per ora è ancora proibito e che tende a proteggere l'unita della famiglia anche se ha delle conseguenze da molti ritenute molto serie. La tradizione secolare che rende quasi sacrosanta la responsabilità dell'individuo verso la propria famiglia, non permette quel distacco tra individuo e famiglia che troviamo in altri paesi e in altri contesti sociali. La lotta per l'esistenza tende a conservare la famiglia in quanto i suoi membri trovano in essa lo strumento per salvaguardare i loro interessi economici, allo stesso modo che la famiglia in altri tempi proteggeva i suoi membri dalla violenza e dai nemici esterni. Oggi la famiglia italiana restando unita riesce a mantenere un più alto livello economico che non sarebbe possibile a una famiglia divisa. Ad ogni modo, qualsiasi siano le ragioni per la stabilità della famiglia in Italia, certo una delle sue più felici conseguenze è la quasi totale assenza della cosí detta delinquenza giovanile in Italia. Da un altro punto di vista però è anche vero che l'individuo in Italia si trova legato dai suoi obblighi verso la famiglia in un modo che in altri paesi, come per esempio negli Stati Uniti, sarebbe considerato intollerabile.

L'Italia come la sua capitale è un paese antico, ma dappertutto si sente nell'aria che questi sono tempi nuovi. Le vecchie usanze persistono, e non sembra che stiano per scomparire. Sta agli Italiani fare quello che i Romani hanno fatto nella loro città, ossia conservare l'antico accanto al moderno in un nuovo senso d'armonia. In queste pagine abbiamo tentato di dare un quadro di alcuni di questi nuovi aspetti della vita italiana, visti principalmente attraverso la sua più importante città: Roma. Rimane tanto da dire ma speriamo che questi appunti servano come stimolo ad una approfondita conoscenza dell'Italia. Libri sull'Italia ne escono a centinaia ogni anno, e migliaia ne sono già stati scritti attraverso i secoli, ma forse il miglior modo per conoscere questo affascinante paese è di diventare, per qualche mese, uno dei tanti turisti che contribuiscono a creare la più grande industria italiana.

EXERCISES

The following exercises contain ten questions for each chapter of the book. These should be answered aloud, in Italian, in class, and should serve as a stimulus for general conversation. It is also strongly urged that each student choose one question from each group and answer it, in writing, in the form of a short theme.

1

Roma, città eterna

1. Cosa vuol dire "tutte le strade portano a Roma"?
2. Può nominare Lei due antiche strade romane?
3. Che relazione esiste tra il latino e l'inglese?
4. Chi erano Romeo e Giulietta?
5. Quali sono le principali lingue neolatine?
6. È giusto descrivere Roma come una città eterna? Perchè?
7. Che cosa era la pace romana?
8. Che cosa sente il viaggiatore moderno quando arriva a Roma?
9. Perchè si dice che Roma consiste di varie città?
10. Quando fiorì lo stile barocco?

2

Da repubblica a repubblica: senatori, imperatori, papi, re e presidenti

1. Quando diventò l'Italia un paese indipendente?
2. Quale fu la città più importante del Rinascimento?
3. Cosa intende Lei per "campanilismo"?
4. Come ha permesso Roma agli Italiani di rimanere spiritualmente uniti?
5. Sotto quali aspetti gli Italiani hanno quasi tutto in comune?
6. Chi era Enea? Che parte ha nella leggenda di Roma?
7. Perchè è inconcepibile per un Italiano pensare al suo paese senza Roma?
8. È Roma sempre stata una città molto grande?
9. Che cosa fu il "Risorgimento"?
10. Che specie di repubblica è oggi l'Italia?

3

Roma e l'Italia; Romani e Italiani

1. Che aspetto fisico particolare ha l'Italia?
2. Quali sono le due principali catene di monti in Italia e dove si trovano?
3. Quali sono le origini del nome "Italia"?
4. Cosa è il Rubicone?
5. Cosa vuol indicare il termine Mezzogiorno?
6. Perchè varia tanto il clima dell'Italia?
7. Sono precisi i confini dell'Italia? Come?
8. Quale regione dell'Italia preferirebbe visitare Lei?
9. Come si distinguono i fiumi italiani?
10. In che senso gli Italiani sono i discendenti dei Romani?

4

"Urbe et orbi" o Roma capitale

1. Perchè i Romani usavano l'espressione *Urbe et Orbi*?
2. Perchè gli Italiani festeggiano il 2 giugno?
3. Che differenze ci sono tra il presidente della repubblica italiana e il nostro?
4. Chi governa lo stato italiano?
5. Dove abita il presidente della repubblica italiana?
6. Perchè il palazzo occupato dal Senato si chiama Palazzo Madama?
7. Quante regioni italiane può nominare Lei?
8. Chi era Carlo Botta? Che cosa fece?
9. Dove si trova *L'ultima cena*?
10. Dove si trova e come si chiama la più vecchia repubblica indipendente?

5

Turismo: grande industria! Ostrogoti, Longobardi, Spagnoli, Francesi, Americani e altri ospiti

1. Come arrivano in Italia i turisti?
2. In che senso è unico lo spettacolo di Piazza San Marco una sera d'agosto?
3. Chi sono i turisti che visitano l'Italia?
4. Perchè il turismo è la più grande industria italiana?
5. Perchè in altri tempi un viaggio in Italia era considerato parte essenziale della propria educazione?
6. Ha subito molte invasioni l'Italia durante la sua storia? Da chi?
7. Qual'è la leggenda delle oche del Campidoglio?
8. Cosa voleva dire "barbaro" per i Romani?
9. Quale regione italiana prende il nome da una tribù di invasori?
10. Quando fu creato il primo regno d'Italia e da chi?

6

Città e provincia

1. Nell'emigrazione interna dell'Italia chi sono gli emigranti e dove emigrano?
2. Quali sono le ragioni principali di questa emigrazione?
3. Come ha cambiato l'Italia la "motorizzazione"?
4. Cosa è una "vespa"?
5. Perchè oggi un Italiano può conoscere il proprio paese con facilità?
6. Cosa vuol dire il titolo *Cristo si è fermato a Eboli*?
7. Perchè fu mandato al confino Carlo Levi?
8. Che cosa era il confino?
9. Perchè gli Italiani non emigrano più all'estero?
10. Come tende a scomparire il golfo tra città e provincia?

7

Pane e vino

1. Quando fu scritto il libro *Pane e Vino*?
2. Quante automobili ci sono a Milano?
3. Quali fattori hanno contribuito a creare il miracolo economico in Italia?
4. Chi sta meglio, l'operaio di Torino o il contadino siciliano? Perchè?
5. Quali maggiori città italiane non sono nel nord?
6. Qual'è la regione più ricca d'Italia?
7. È sempre stato povero il Mezzogiorno? Date particolari?
8. Cosa ha ridotto il Mezzogiorno alla sua attuale povertà?
9. Cos'è la Cassa del Mezzogiorno?
10. Perchè il turismo nel Mezzogiorno è in aumento?

8

La dolce vita e la vita dura

1. Cosa intende Lei per "la dolce vita"?
2. Come descriverebbe Lei Via Veneto?
3. Qual'è uno dei miti che Barzini esamina nel suo libro?
4. Cosa intendeva fare con la pellicola *La dolce vita* il Fellini?
5. Quale mondo rappresentano i *Racconti Romani* di Moravia?
6. Quali classi sociali esistono in Italia?
7. È possibile spostarsi da una classe all'altra?
8. Quale classe sociale italiana è la più attiva?
9. Quale classe sociale cresce più velocemente? Perchè?
10. In generale è facile la vita per gli Italiani oggi?

9

Alta, media e bassa cultura

1. Può rispondere Lei alle tre domande dell'inchiesta immaginaria?
2. Ha mai letto Lei un libro italiano tradotto in inglese? Quale?
3. Come arrivò in America la macchina da cucire Necchi?
4. Perchè il successo dei film italiani del dopoguerra sembrò incredibile?
5. Come diventò di moda l'Italia tra il 1955 e il 1960?
6. Chi era Palestrina?
7. Quale città è il centro culturale dell'Italia? Degli Stati Uniti?
8. È un paese libero l'Italia oggi? Come?
9. Che significato sociale ha l'aumento e il successo delle case editrici in Italia?
10. Cosa è il semi-analfabetismo?

10

Tempi nuovi, vecchie usanze

1. In che senso Roma è antica e moderna allo stesso tempo?
2. Cos'è l'artigianato? È importante in Italia?
3. Come continuano a manifestarsi in Italia le tradizioni?
4. Cos'è la *festa de noantri*?
5. Dove ha luogo la festa di Piedigrotta?
6. È tradizionale la cucina italiana? Come?
7. Perchè la cultura moderna è una forza livellatrice?
8. È importante la famiglia in Italia? Come?
9. C'è molta delinquenza giovanile in Italia? Perchè?
10. Pensa di andare in Italia Lei? Quando?

VOCABULARY

This vocabulary lists all words that appear in the text with the exception of articles, pronouns, numerals, prepositions, superlative forms of adjectives and obvious cognates. Gender of nouns is indicated only for nouns ending in *e* and for irregular nouns in *o* or *a*. Most Italian words are stressed on the one before the last vowel. When this is not the case the stress is indicated by a dot placed under the stressed vowel.

Past participles, even when used adjectivally, are listed under the infinitive form.

ABBREVIATIONS

adj.	adjective
f.	feminine
f. pl.	feminine plural
m.	masculine
m. pl.	masculine plural
n.	noun
pl.	plural
v.	verb

A

abbandonare to abandon
abbastanza enough
abbellire to embellish
abbondanza abundance
abbondare to abound
abdicare to abdicate
aberrazione *f.* aberration
abete *m.* fir tree
abitante *m.* inhabitant
abitare to live, reside, inhabit
abitụdine *f.* habit, custom
Abruzzi *m. pl.* a region of central eastern Italy
accadere to happen
accampato camped
accanto near, next
accẹdere to approach, enter
accentuare to accentuate
accettạbile acceptable
accettare to accept
acciạio steel
accịngersi to get ready
accordo agreement; **d'accordo** agreed, in agreement
accọrgersi (accorsi, accorto) to notice, realize, become aware of
accọrrere (accorsi, accorso) to run, to hasten
accumulazione *f.* accumulation
acqua water
acquistare to acquire
adatto suited
adattare to adapt
Adda a river in northern-eastern Italy
addirittura quite, really, actually
addirsi to become, suit
Ạdige a river in northern Italy
adottare to adopt
aẹreo airplane
aereoporto airport
affacciarsi to appear
affare *m.* affair; **uomo d'affari** businessman
affascinante fascinating
affatto at all
affermarsi to make a name for oneself
affermativo affirmative
afferrare to grasp
affezione *f.* affection
affidare to entrust
affinchè so that
affluenza affluence
affluire to flow, crowd
afflusso influx
affogare to drown
affresco fresco
aggettivo adjective
aggiụngere (aggiunsi, aggiunto) to add
aggiunta addition
agosto August
agrịcolo agricultural, farming
agricoltore *m.* farmer
agricoltura agriculture
aiuola flower bed
aiutare to help
aiuto help
Albano, Colli Albani, hills near Rome
albergo hotel
Alboino Alboin
alcuno some
alfabeto alphabet
allarmante alarming
allarme *m.* alarm
allattare to nurse
alleato ally
allevare to raise, to bring up
allineato lined up
allontanarsi to depart
allora then; **da allora** since then; **da allora in poi** from then on
allụdere (allusi, alluso) to allude, refer
allumịnio aluminum
Alpi *f.* Alps

alternare to alternate
altezza height
alto tall, high
Alto Adige-Trentino farthest northern region of Italy
altrettanto otherwise
altro other; **senz'altro** without doubt; **tutt'altro che** anything but, anything else
altrove elsewhere
amaro bitter
ambedue both
ambiente *m.* environment
ameno delightful
amichẹvole friendly
amico friend
ammẹttere (ammisi, ammesso) to admit
amministrativo administrative
ammiratore *m.* admirer
ammontare to amount
amore *m.* love
ampiamente amply
Amụlio Amulius
analfabetismo illiteracy
analizzare to analyze
anche also, even
Ancona city in central Italy on Adriatic coast
ancora yet, still, as yet, even; **ancora una volta** once again
andirivieni *m.* coming and going
anello ring
ạngolo corner
ạnimo mind, heart
annesso annexed
Annịbale Hannibal
anno year
annụnzio announcement
antenato ancestor
antichità antiquity, ancient times
antico old, ancient
antiquato antiquated
anzi on the contrary, in fact
apparenza appearance
apparire (apparvi, apparso) to appear
appartenere to belong
appassire to wither
appena hardly
Appennini Apennines
Ạppia Appian; **Via Ạppia** Appian Way
approvare to approve, to agree
appọggio support
approfondito deepened
appunto exactly, precisely
aprire (*past part.* **aperto)** to open
aranceto orange grove
architetto architect
architettọnico architectural
architettura architecture
argento silver
ạria air
Ludovico Ariosto epic poet of the Renaissance
arma weapon; *pl.* **armi** armies
armato armed
armonia harmony
armonicamente in harmony
Arno the river that flows through Florence
arrestare to arrest
arretrato backward
arrivare to arrive
arrivo arrival; **in arrivo** arriving
artẹria artery
artịcolo article
artigianato handicraft
Ascanio Ascanius
asciutto dry
ascoltatore *m.* listener
aspettare to wait; **aspettarsi** to expect
aspetto mien, look, appearance; **sotto due aspetti** from two points of view
aspirare to aspire
aspro harsh
assalitore *m.* attacker
assassinare to assassinate
assediare to besiege
assemblea assembly
assenza absence

assicurazione *f.* insurance
assillare to urge, to harass
assolutamente absolutely
assoluto absolute
assorbire (*past part.* **assorbito** or **assorto)** to absorb
assụmere (assunsi, assunto) to assume, undertake
atmosfera atmosphere
attaccamento attachment
attaccare to attach, stick
attacco attack
attẹndere (attesi, atteso) to wait, wait for, expect
attenuare to attenuate
attirare to attract
attività activity
attivo active
attraente attractive
attrattiva attractiveness
attraversare to cross
attraverso through, by means of
attrazione *f.* attraction
attribuire to attribute
attuale present-day
audace bold, daring
aumentare to increase
aumentare to increase
Aurẹlia; **Via Aurẹlia** one of ancient Rome's leading roads
austrịaco Austrian
Ạustro-Ungạrico Austro-Hungarian
automazione *f.* automation
automobilịstico of the automobile
autonomia autonomy
autore *m.* author
autostrada freeway, throughway
autunno autumn, fall
avanti before; **a.C. avanti Cristo** B.C.
avere to have; **aver luogo** to take place
ạvido greedy
aviogetto jet plane
avvenimento event, happening
avvenire (avvenni, avvenuto) to happen; *n.* future
avvento coming, advent
avvocato lawyer

B

bạia bay
balneare of the sea-shore; **stazione balneare** sea-shore resort
bambino child, baby
banale commonplace, banal
banca bank
barba beard
bạrbaro barbarian
barese inhabitant of **Bari**
Bari important seaport on southern Adriatic coast
barocco Baroque
basarsi to be based
base *f.* base, basis
Basilicata a southern region of Italy
basso low, short
bastare to be sufficient
battạglia battle
bellezza beauty
bellicoso war-like, bellicose
bello, bel beautiful
ben, bene well, very, quite
benchè although
benẹfico beneficial
benẹssere well-being welfare
Benevento a city east of Naples
bere (bevvi, bevuto) to drink
bevanda drink
bianco white
bịbita drink
bicchiere glass
bicicletta bicycle
biglietto ticket
bilịngue bilingual
binạrio track
biolọgico biological

bisognare to be necessary
bisogno need
bizantino Byzantine
bizzarria oddity
bocca mouth
Boccạccio, Giovanni famous Italian writer of the 14th Century
bollente boiling
borbọnico Bourbon
borsa briefcase
botteguccia modest little store
bottịglia bottle
borghesia middle class
bovini *n.* (*m. pl*). cattle
breve short, brief
brevemente briefly
Brịndisi a city on the southeastern coast of Italy
buongustạio gourmet
buono, buon good
burro butter

C

cadere (caddi, caduto) to fall
caduta fall
caffè *m.* coffee
calabrese Calabrian
Calạbria a southern region of Italy
cạlcio soccer
calcolatrice calculating
cạlcolo calculation
caldo warm, hot
calendạrio calendar
cambiamento change
cambiare to change
cạmera chamber
campagna country, countryside
campana bell
Campạnia a region in southwest Italy
campanile *m.* bell tower
campanilismo parochialism, exaggerated local pride
campanilista parochial-minded person
Campidọglio capitol
campo field
Campobasso capital of Molise region in south-central Italy
cantiere navale *m.* shipyard
canto corner, side; **dall'altro canto** on the other hand
capace able
capello hair
capire (*past part.* **capito)** to understand
capịtolo chapter
capo head, chief, cape
capolavoro masterpiece
capoluogo center
carạttere character
caratterịstica *n.* characteristic
caratterịstico *adj.* characteristic
caratterizzare (*past part.* **caratterizzato)** to characterize
cạrico loaded, laden
Carlo Charles
Carlomagno Charlemagne
carta paper, map
cartone *m.* cardboard
casa house, home
caso case
cassa bank
cassazione *f.* cassation; **Corte di Cassazione** highest Italian court of appeal
Cạssia; **Via Cạssia** one of ancient Rome's highways
castagno chestnut
castello castle
Catạnia city in eastern Sicily
catena chain
cattivo bad
cattọlico catholic
cavịglia ankle
celebrare to celebrate
cemento cement; **cemento armato** reinforced concrete
cena supper
cẹnere *f.* ash

centenạrio centennial
centinạio about one hundred
cento one hundred; **per cento** per cent
centro center
cerạmica ceramics
cerca search
cercare to seek, try
certo certain, sure; *adv.* certainly; **un certo non so che** a certain something
Cervino Matterhorn
Cẹsare Caesar
cessare to cease
ceto class
che that, which, etc.
chi who
chiamare to call; **chiamarsi** to be called
chiaramente clearly
chiaro clear
chiave *f.* key
chicco grain
chiẹdere (chiesi, chiesto) to ask
chiesa church
chilọmetro kilometer (0,624 mile)
chịmico chemical
chiụdere (chiusi, chiuso) to close
chiunque whoever
ciascuno each, each one
cibo food
cielo sky
cifra figure
cima summit
cinematogrạfico of the movies
cinematọgrafo movies
Cinquencento the 16th Century
ciò that, this
cioè that is, that is to say
circa about
circolazione *f.* circulation
circolo circle
circondare to surround
circostanza circumstance, condition
citare to quote
città city
cittadino citizen; *adj.* civic
civile civil, civilized
civilizzato civilized
civiltà civilization
clero clergy
clima *m.* climate
coinvolto involved
colazione *f.* breakfast
colle *m.* hill
collega *m.* colleague
collina hill
colọnia colony
coloro those
colto cultured
combạttere to fight
come how, as
cominciare to begin
commemorazione *f.* commemoration
commentare to comment upon
commentạrio commentary
commerciante *m.* tradesman
commẹrcio trade, commerce
commovente moving
commutare to commute
cọmodo comfortable
compagnia company
compatriotta *m.* compatriot
compimento completion; **portare a compimento** to bring to a conclusion
complesso complex
completamente completely
completare to complete
comporre (composi, composto) to compose
comprare to buy
comprẹndere (compresi, compreso) to understand, to include
comprensịbile understandable
comune commune; municipality, town; *adj.* common
comunemente commonly
comunità community
concẹdere (concessi, concesso) to concede
concentrare to concentrate

concepire to conceive
concetto concept
conclụdere (conclusi, concluso) to conclude
concorrente competitor
condanna sentence, conviction
concorso contest
condizione *f.* condition
confermare to confirm
confidenza confidence
confinare to intern, banish
confine *m.* boundary
confino internment
confrontare to confront, face
conoscenza knowledge, acquaintance
conọscere (conobbi, conosciuto) to know, to be acquainted with
comprensione *f.* understanding
conoscente *m.* acquaintance
conquista conquest
conquistare to conquer
conseguenza consequence
conservare to preserve, retain
considerare to consider
considerazione *f.* consideration
considerẹvole considerable
consịglio council
consịstere to consist
cọnsole *m.* consul
consuetụdine *f.* habit, custom
consultare to consult
contadino peasant
contemporạneo contemporary
contentare to satisfy; **contentarsi** to be satisfied
contesto context
continuamente continually
continuazione *f.* continuation
continuità continuity
contịnuo continuous
conto account; **fare i conti,** to reckon
contradizione *f.* contradiction
contrariamente on the contrary
contrạrio contrary
contribuire to contribute
contro against
controllare to control
controllo control
controriforma counter-reformation
convẹrgere (conversi, converso) to converge
convertire to convert, to change
convincente convincing
convinto convinced
convivenza living together
cọpia copy
corạggio courage
cordicella rope, string
corrente current; **al corrente** to be abreast; *n.f.* current
corretto correct
corridọio corridor
corrispondente corresponding
corrispọndere (corrisposi, corrisposto) to correspond
corrotto corrupt
corso course
corte *f.* court
cosa thing; *interrogative* what?
così so, as, thus
Cosenza chief city of Calạbria
cosmopọlita cosmopolitan
costa coast
costante constant
costantemente constantly
Costantino Constantine
Costantinọpoli Constantinople
costare to cost
costatare to ascertain
costituente constituent
costituire to make up, constitute
costituzionale constitutional
costituzione *f.* constitution
costrịngere (costrinsi, costretto) to compel, to force
costruire to build
costruttore *m.* builder

costruzione *f.* construction
costume *m.* custom
Cọzie (Alpi) Cottian (Alps)
creare to create
creazione *f.* creation
credenza belief
crẹdere to believe
crescente growing
crẹscere (crebbi, cresciuto) to grow
Cristianẹsimo Christianity
Cristiano Christian
Cristo Christ
Cristọforo Christopher
cubo cubic
cuccagna abundance; **paese della cuccagna** the land of plenty
cucina kitchen, cooking style, cuisine
cucinare to cook
cucire to sew; **mạcchina da cucire** sewing machine
cui whom, which; *article* + **cui** = whose
culla cradle
culminare to culminate
cụlmine height, apex
curato cared
cuọio leather
cuor, cuore *m.* heart

D

Dante (Alighieri) 1265-1321 Italy's greatest poet and author of *The Divine Comedy*
dare (detti, dato) to give
data date
dato *n.* datum; *pl.* data
davanti a before, in front of
dea goddess
debolezza weakness
decadenza decadence
decadere (decaddi, decaduto) to decline
Decamerone *m.* Decameron, Boccaccio's masterpiece
decẹnnio decade
decịdere (decisi, deciso) to decide
dẹcimo tenth
declịnio decline
decretare to decree
decreto decree
dedicare to devote, dedicate; **dedicarsi** to devote oneself
definire to define
delinquenza delinquency
denominazione *f.* denomination, name
densità density
dentro inside
denudato stripped
deplorẹvole deplorable
deposto deposed
depresso depressed, backward
deputato deputy
derivare to derive, come from
derivazione derivation
descrittivo descriptive
descrịvere (descrissi, descritto) to describe
descrizione *f.* description
desiderare to wish
desidẹrio desire, wish
designare to designate
destinazione *f.* destination
destino fate
determinazione *f.* determination
detto saying; *adj.* called
dialetto dialect
dicembre December
dichiarare to declare
dichiarazione *f.* declaration
dietro behind, in back of
difensore *m.* defender
difesa defense; **a difesa** in defense
difetto defect
differenza difference; **a differenza** differently
diffịcile difficult
difficoltà difficulty
diffọndersi (diffusi, diffuso) to spread

dimenticare to forget
diminuire to diminish
dimostrare to show, give evidence
Dio (*pl.* **gli dei**) God
Diocleziano Diocletian
dipẹndere to depend
dire (dissi, detto) to say; **dirsi** to be said, called
direttamente directly
diretto direct; **diretto verso** on the way to
direzione *f.* direction
dirịgere (diressi, diretto) to direct
dirigente ruling
diritto *n.* right; *adj.* straight
disastroso disastrous
disboscamento deforestation
discendente *m.* descendant
discọrdia discord, dissention
disegnare to design
disegno design
disperazione *f.* desperation
disopra above, over
disperso scattered
dissọlvere to dissolve
distacco separation, detachment
distanza distance
distesa stretch
distịnguere (distinsi, distinto) to distinguish
distinto distinguished, distinct
distinzione *f.* distinction
distrụggere (distrussi, distrutto) to destroy
distruzione *f.* destruction
ditta firm
dittatura dictatorship
diva movie star
diventare to become
diverso different; *pl.* different, several
divịdere (divisi, diviso) to divide; **divịdersi** to be divided
divọrzio divorce
dizionạrio dictionary
dọccia shower
Doge head of Venetian republic
dolce sweet
dolore *m.* sorrow
domanda question
domandare ask; **domandarsi** to ask oneself
domẹnica Sunday
dominare to rule, dominate
dominazione *f.* domination
domịnio domination
dopo after; **d.C. (dopo Cristo)** A.D.
dopoguerra post-war period
dọppio double
dotato endowed
dovere *n.* duty; *v.* must
dozzina dozen
dramma play, drama
drammạtico dramatic
dụbbio doubt
ducato duchy
dunque then, well then
durante during
durare to last
duro hard

E

e and
Ẹboli small town south of Naples
eccetto except
eccezione *f.* exception
ecco here is, here are
eco *f.* echo
economia economy
economicamente economically
edifịcio building
editrice publishing
educazione *f.* education
effetto effect
efficace effective
eguaglianza equality
eguagliato equaled

eguale equal
egualmente equally
elefante elephant
elẹggere (elessi, eletto) to elect
elenco list
elẹttrico electrical
elezione *f.* election
eliminare to eliminate
Emanuele Emmanuel
emigrare to emigrate
emigrazione *f.* emigration
Emịlia, Emịlia-Romagna a region of northern Italy
Enea Aeneas
enorme huge, enormous
enormemente enormously
Enrico Henry
entità entity
entrare to enter, come into
entrata entrance
Eọlie, Isole Eọlie islands north of Sicily
epidemia epidemic
ẹpoca period, epoch
eppure and yet, still
equidistante equally far
equilịbrio equilibrium
erede *m.* heir
eredità inheritance
eroe hero
esagerazione *f.* exaggeration
esaminare to examine
esarca exarch, an official of the Byzantine empire
esatto exact
esausto exhausted
esclamare to exclaim
esclusivamente exclusively
escluso excluded
escursione *f.* excursion
esecutivo executive
eseguire to execute
esẹmpio example
esemplare example, sample
esercitare to exercise
esẹrcito army
esịlio exile
esistenza existence
esịstere to exist
esitare to hesitate
esọtico exotic
espansione *f.* expansion
esperienza experience
esperto expert
esportare to export
esportazione *f.* exportation
espressione *f.* expression
essenza essence
essenziale essential
ẹssere to be
est east
estate *f.* summer
estẹndersi to spread
estensione *f.* extension; **per estensione** by extension
esterno external
ẹstero *adj.* foreign; **all'ẹstero** abroad
esteso widespread
estivo of summer
estremità extremity
estremo extreme
eternamente eternally
eterno eternal
Etna Aetna
etnologicamente ethnologically
etnologico ethnological
Etrụria an ancient region of Italy now called **Toscana** (Tuscany)
etrusco Etruscan
eugạneo Euganean
europeo European
evidenza evidence

F

fa ago
fạbbrica factory
fabbricare to manufacture

facciata facade
fạcile easy
facilmente easily
fama fame
fame *f.* hunger
famịglia family
familiare of the family; **parola familiare** household word
famoso famous
Fano a city on the Adriatic coast slightly south of Ravenna
fare (feci, fatto) to do, make; **fare i conti con** to reckon; **fare da madre** to be a mother to; **fare o farne parte** to be part of
fạscino fascination, charm
fase *f.* phase
faticoso tiring
fatto fact; **di fatto** in fact
fattore *m.* factor
favore *m.* favor; **a favore di** in favor of
favorẹvole favorable
fede *f.* faith
fedele faithful
felice happy
felicità happiness
fenice phoenix
fenọmeno phenomenon
fermarsi to stop
fermo stopped
fertilità fertility
festa feast, holiday
festeggiare to celebrate
fiancheggiato flanked
Fiat the most popular make of Italian cars
fidụcia trust, faith
fịglia daughter
fịglio son
figlioletto young son
figurato figurative
fila row
finalmente finally
finanziạrio financial
finchè until
fine *f.* end
finestra window
finire to finish
fino until, as far as, since; *adj.* fine
fiore *m.* flower
fiorente flourishing
fiorentino Florentine
fiorire to flower, to flourish
fioritura flowering
Firenze Florence
fisicamente physically
fịsico physical
fissazione *f.* fixation
fittịzio fictitious
fiume *m.* river
Fiumicino the international airport of Rome
Flamịnia; **Via Flamịnia** one of ancient Rome's main highways
flora flora, vegetation
foce *f.* mouth (of a river)
fondamentale fundamental
fondare to found
fondatore *m.* founder
fondazione *f.* foundation, founding
fọndersi to blend
fondo bottom; **in fondo** after all
fontana fountain
fonte *f.* fountain, source
foresta forest
formare to form; **formarsi** to be formed
formazione *f.* formation
formulazione *f.* formulation
forse perhaps
forte strong, large
fortemente strongly
fortezza *f.* fortress
fortunato lucky
forza strength, force
forzato forced
fotogrạfico photographic
fra between, among
Francesco Francis
francese French, the French language
Frạncia France

franco Frank
frase *f.* phrase
fratello brother
frattempo meanwhile
freddo cold
frequentare to attend
frequentatore *m.* patron
frequentemente frequently
frequenza frequency
fresco cool
fretta hurry; **in fretta** in a hurry; **aver fretta** to be in a hurry
fritto fried
fronte, di fronte in front
frutta fruit
frutteto orchard
fuggire to flee
funzionalità functionality
funzionario official
funzione *f.* function
fuori out, outside
furore *m.* furor; **fare furore** to raise a furor
futilità futility

G

gabinetto cabinet
Gaeta city on the east coast not far from Rome
Galileo Galilei famous Italian scientist of the 17th century
Gallia Gaul
Gallo *m.* Gaul
garantire to guarantee
Gargano the "spur" of the Italian boot
Garigliano a river that flows south of Rome
gattopardo leopard
gemello twin
generalizzazione *f.* generalization
generazione *f.* generation
genere *m.* **del genere** of the kind
generi alimentari foodstuffs
genericamente generically
generosamente generously
gennaio January
Genova Genoa
genovese Genoese
geografico geographical
gettare to throw, cast
già already
giacchè since
gioia joy
giornale *m.* newspaper
giornaliero daily
giornata day, the whole day
giorno day; **un bel giorno** one fine day
giovane young, *n.* young man
giovanile juvenile
gioventù youth
girare to go around
giù down; **in giù** down further
giudicare to judge
giudice *m.* judge
giudiziario judicial
giudizio judgment
giugno June
Giulietta Juliet
Giulio Julius
giungere (giunsi, giunto) to arrive, reach
Giunone *f.* Juno
giurato sworn
giurista *m.* jurist
giustificare to justify
Giustiniano Justinian
giusto just, right
gloria glory
godere to enjoy
godimento enjoyment
gola throat, gluttony
golfo gulf
gotico gothic
goto Goth
governare to govern
governativo of the government
governo government
gradito welcome

gran, grande large, big

grandezza size, greatness

grano grain

Gran Sasso the highest peak of the Apennines located in Abruzzi

gratis free

grato welcome

grattacielo skyscraper

grave serious, grave

grạzia mercy, grace, pardon; **fare la grạzia** to grant a pardon

greco Greek

Gregọrio Gregory

gremito crowded

gruppo group

guadagnare to earn

guạio trouble

guardare to look

guerra war; **guerra mondiale** world war

guerresco war-like

gusto taste

I

identificare to identify

ignoranza ignorance

illustrare to illustrate

illustre illustrious

imbattịbile unbeatable

immaginạrio imaginary

immaginazione *f.* imagination

immạgine *f.* image

immediatamente immediately

immensità vastness, hugeness

immoralità immorality

imparare to learn

imperatore *m.* emperor

imperniare to pivot

impero empire

ịmpeto impetus

impiegato employee

imporre (imposi, imposto) to impose; **imporsi** to assert oneself

importanza importance

importare to import

importatore *m.* importer

importazione *f.* importation; *pl.* imports

impossessarsi to take possession

impotente powerless

imprigionare to jail

inaccessibilità inaccessibility

inaccettạbile unacceptable

inaspettato unexpected

incendiare to set fire to

inchiesta inquiry

inclụdere (inclusi, incluso) to include, enclose

inconcepịbile inconceivable

incontrare, incontrarsi to meet

incoronare to crown

incursione *f.* raid

indebolito weakened

indicare to indicate, to point out

indicazione *f.* indication

indịgeno indigenous

indimenticạbile unforgettable

indipendente independent

indipendenza independence

indirettamente indirectly

indistruttịbile indestructible

indivịduo individual

indivisibilità indivisibility

indụstria industry

industrializzato industrialized

industrializzazione *f.* industrialization

industrioso industrious

inesistente non-existant

inestricạbile inextricable

infatti in fact

infierire to run wild, be pitiless

influenzare to influence

informazione *f.* information

ingenuamente naively

inglese English

ingrandire to enlarge

ingrato ungrateful

ingresso entrance

ininterrotto uninterrupted
iniziale initial
iniziare to begin
iniziativa initiative
inịzio beginning
inegạbile undeniable
Innocenzo Innocent
innumerẹvole innumerable
insegnare to teach
insieme together, with
insigne outstanding
insịstere to insist
insomma in short
intanto meanwhile
integrarsi to integrate oneself
intellettuale intellectual
intellettualmente intellectually
intẹndere (intesi, inteso) to understand, intend, mean
intensificare to intensify
intensità intensity
intenzione *f.* intention
interamente entirely
interessante interesting
interdetto forbidden
interesse *m.* interest
internazionale international
interno interior
intero whole, entire
interpretare to interpret
interruzione *f.* interruption
intervallo interval
intervento intervention
intimamente intimately
ịntimo intimate
intitolato titled
intollerạbile intolerable
intraducịbile untranslatable
introdurre (introdussi, introdotto) to introduce
inụtile useless
invạdere (invasi, invaso) to invade
invariabilmente invariably
invasore *m.* invader
invece instead
inventare to invent, to devise, to imagine
invenzione *f.* invention
inverno winter
investimento investment
invidiare to envy
invitare to invite
invito invitation; **dietro invito** with an invitation
ionio Ionian
irregolarmente irregularly
irresponsabilità irresponsibility
irrifiutạbile irrefutable
ịsola island
isolamento isolation
isolato isolated; *n.* city block
ispirazione *f.* inspiration
istituzione *f.* institution
istruzione *f.* instruction, education
italianità italian spirit
italianizzare to italianize
italiano Italian, the Italian language
itạlico Italic, Italian

L

là there; **al di là** beyond
ladro thief
lago lake
Lambretta a brand of motor scooter
lana wool
L'Ạquila the capital city of Abruzzi
largamente widely
larghezza width
largo wide, broad
lasciare to leave, let go, let
latinità latinity
latino Latin
latitudine *f.* latitude
lato side
lavoratore *m.* worker
lavorazione *f.* manufacture
lavoro work

Lạzio Latium, a region of ancient and modern Italy in which Rome is located
lẹccio holm-oak tree
legalità legality
legame *m.* bond
legare (*past part.* **legato**) to tie, bind, fasten
legge *f.* law
leggenda legend
lẹggere (lessi, letto) to read
legịttimo legitimate
legno wood; **di legno** wooden
lentamente slowly
lento slow
Leonardo da Vinci great artistic genius of the Renaissance
lẹttera letter; **prendere alla lẹttera** to take literally
letterale literal
letteralmente literally
letterạrio literary
letteratura literature
lẹttere *pl.* letters, literature
lettore *m.* reader
lì there
libbra pound
liberamente freely
libertà liberty
libro book
lịgure Ligurian
Ligụria a region of northern Italy along the Riviera
limitato limited
lịngua language
linguạggio language
livellamento levelling
livellatrice levelling
livello level
locale local; *n.* place
Lombardia Lombardy
lombardo Lombard
longobardo Longobard
lontano far, far away
lotta struggle
lunga, di gran lunga by far
lunghezza length
lungo long; *adv.* along; **a lungo** for a long time; **di gran lunga** by far
luogo place; **luogo comune** common place, cliché; **aver luogo** to take place
lupa she-wolf
lusso luxury
lussuoso luxurious

M

ma but
mạcchina machine, automobile; **mạcchina da cucire** sewing machine; **mạcchina da scrịvere** typewriter
Niccolò Machiavelli Italian political thinker of the Renaissance
madama madam, lady
madre *f.* mother
maestà majesty
maestoso majestic
maestra teacher, mistress
maestro teacher
maggioranza majority
maggiore (maggior) major, greatest
mago wizard, magician
mai never, ever
malattia sickness
malgrado in spite of the fact (that)
mancanza lack
mancare to lack, miss, fail, not be present
mandare to send
mangiare to eat
maniera manner
manifattura manufacture
manifestare to manifest
manifestazione *f.* manifestation
mano *f.* land; **a mano a mano** as; **mano d'opera** labor supply
mantenere to maintain
manuale *m.* hand laborer

Marche *pl.* region of central Italy
marciapiede *m.* sidewalk
mare *m.* sea
Margherita Margaret
marinạio sailor
marito husband
marịttimo maritime
marmo marble
Marte Mars
marzo March
maschile masculine
masse *pl.* masses
mạssimo maximum
masticare to chew
matẹria matter; **matẹrie prime** raw materials
mattina morning
mattone *m.* brick
meccạnico mechanical
mẹdia average
mẹdico physician
mẹdio middle, medium
medioevale medieval
medioevo Middle Ages
mediterrạneo Mediterranean
mẹglio better
membro member
memorạbile memorable, unforgettable
memọria memory
menare to lead
meno less
mentalità mentality
mente *f.* mind; **venire in mente** to occur (to one)
mentre while
meraviglioso marvellous
mercato market
mercenạrio mercenary
meridionale southern
meridione *m.* south
mese *m.* month
Messina city of northeastern Sicily
mestiere *m.* trade
metà half
metro meter
mẹttere to put, to place; **mẹttersi** to start to
mezzo middle, half; *n.* means
mezzogiorno noon, south
Michelạngelo Buonarroti great painter and sculptor of the Renaissance
micidiale murderous
migliạio (*pl.* **migliạia**) about a thousand
mịglio (*pl.* **mịglia**) mile
miglioramento improvement
migliorare to improve, better
migliore better, best
mila thousand
milanese of Milan
milionạrio millionaire
milione *m.* million
militare military
millẹnnio millennium
minạccia *f.* threat
minacciare to threaten
minimizzare to minimize
mịnimo minimum
ministero ministry
ministro minister
minuto minute, moment
mirạcolo miracle
miracoloso miraculous
mirare to aim
miscụglio mixture
misterioso mysterious
mịstico mystic
misura measure
misurare to measure
mite mild
mito myth
mitolọgico mythological
mobilità mobility
moda fashion; **diventar di moda** to become fashionable
moderazione *f.* moderation
moderno modern, present day; **moderni** *n.pl.* modern people
modificare to modify

modificazione *f.* modification
modo manner, way
mọglie *f.* wife
Molise a region of south central Italy
molo pier
moltiplicare to multiply
molto much, very, a great deal; **molti** many
monastero monastery
monarchia monarchy
mondano social
mondiale world-wide
mondo world
monotonia monotony
monọtono monotonous
montagna mountain
monte *m.* mountain
montuoso mountainous
mordace biting
morire to die
morte *f.* death
mostrare to show
motocicletta motorcycle
motore *m.* motor
motoretta motor scooter
motorizzato motorized
movimento movement
muọversi to move
muro (*pl.* **mura**) wall (exterior)
museo museum
musicista musician

N

Napoleone Napoleon
napoletano Neapolitan
Nạpoli Naples
nạscere (naqui, nato) to be born
nạscita birth
nascọndersi (nascosi, nascosto) to hide
naturalmente naturally
nave *f.* ship
navigazione *f.* sailing
nazionale national
nazione *f.* nation, country
necessạrio necessary
necessità necessity
negare to deny
negoziante storekeeper
negọzio store
nemico enemy
neolatino Neo-Latin
neonato newly born baby
nessuno nobody; *adj.* no
nettamente clearly
niente nothing, anything
nịtido neat
nobiltà nobility
nocivo harmful
noialtri us, we
nome *m.* name; **di nome** in name
nominalmente nominally
nominare to name, mention
nondimeno nevertheless
nonno grandfather
nono ninth
norma norm
normanno Norman
notare to note
notẹvole noteworthy
notevolmente notably
noto known
notte *f.* night; **di notte** at night
nozione *f.* notion
nụmero number
numeroso numerous
Numitore Numitor
nuovo new; **di nuovo** again

O

o or; **o . . . o** either . . . or
obbligato obligated
ọbbligo obligation
oca *f.* (*pl.* **oche**) goose
occasione *f.* opportunity, occasion
ọcchio eye

occidentale western, occidental

occidente *m.* west

occupare to occupy, to fill

ocẹano ocean

odierno today's

Odoacre Odoacer

offrire (offrii, offerto) to offer

oggetto object

oggi today

ogni each

ognuno everyone

oleandro oleander

oligarchia oligarchy

ọlio oil

oliveto olive grove

oltre beyond, besides, more than

ombra shadow, shape

ombrellone *m.* beach umbrella

omogẹneo homogeneous

ondata wave

ọpera work, grand opera

operạio workman; *adj.* working

opportunità opportunity

opposizione *f.* opposition

opposto opposite

oppure or, or else

opulenza opulence

ora *n.* hour; *adv.* now

ordinamento arrangement

ordinare to order

ordinatamente orderly, in orderly fashion

ordinato orderly

ọrdine *m.* order

orẹcchio ear

organizzazione *f.* organization

ọrgano organ

orientamento orientation

oriente *m.* East, Orient

originalità originality

originalmente originally

ormai now, by now, by this time

oro gold

ospitare to house, give hospitality

ọspite *m.* guest

osservare to observe

osservatore *m.* observer

osservazione *f.* observation

ossia that is to say

ostạcolo obstacle

Ọstia the port and beach of Rome

ostinato stubborn

ostrogoto Ostrogothic; *n.* Ostrogoth

ottenere to obtain

ọttimo excellent

Ottocento, l'Ottocento the nineteenth century

ovest *m.* west

ovviamente obviously

ọvvio obvious

ọzio idleness

P

pace *f.* peace, calm

pacịfico peaceful

padano of the Po Valley

padrone *m.* owner

paesạggio landscape

paesano countryman, townsman; *adj.* of the town, village

paese *m.* country, town

pagare to pay

pạgina page

Palatino Palatine

palazzo palace

Palermo capital city of Sicily

Palestrina famous Italian composer of sacred music

pạlio a festival and a horserace held twice a year at Siena

palma palm tree

palude *f.* marshland

panchina bench

pane *m.* bread

papa *m.* (*pl.* **papi**) pope

papato papacy

paragonare to compare

paragone *m.* comparison
parẹcchio considerably, quite a bit; *pl.* several
parente *m.* relative
parete *f.* wall (inside of house, partition)
parlamento parliament
parlare to speak, to talk
Parma city of northern Italy
parola word
parte *f.* part, extent; **da parte di** by
partecipare (a) to participate (in)
partecipazione *f.* participation
partenza departure; **in partenza** departing
particolare *m.* detail; *adj.* particular
particolarmente particularly
partita game
pasciuto fed
pạscolo pasture
passante passerby
passare to pass, go by; to spend (time)
passato past
passeggero passenger
pasta macaroni
pasto meal
pastore *m.* shepherd
pạtria country, fatherland
patrimọnio patrimony
patto agreement; **venire ai patti** to come to terms
Pavia city of northern Italy
pazienza patience
peggiore worse, worst
pellegrinạggio pilgrimage
pellegrino pilgrim
pellịcola film
pena penalty, sentence; **valere la pena** to be worthwhile
peninsulare peninsular
penịsola peninsula
penoso painful
pensare to think
pensiero thought
perchè why, because, in order that
perciò therefore
pẹrdere (persi, perso or **perduto)** to lose
pẹrdita loss
perfezionarsi to become perfect
perfino even
pericoloso dangerous
periferia periphery
periodicamente periodically
permanentemente permanently
permẹttere (permisi, permesso) to permit, allow
però however, though
persecuzione *f.* persecution
persịstere to persist
persona person; *pl.* people
personạggio character, personality
Perụgia city in central Italy southeast of Florence
pervạdere to pervade
Pescara city on the Adriatic in central Italy
pesce *m.* fish
Petrarca, Giovanni Italy's greatest lyric poet, lived in the 14th century
pezzo piece
Piacenza city of northern Italy
piacere *m.* pleasure
piacẹvole pleasant
piacevolmente pleasantly
piano flat; *n.* floor
pianta tree, plant
pianura plain
piatto dish
piazza, piazzale *m.* square
pịccolo small
piede foot; **ai piedi di** at the foot of; **a piedi** on foot
Piedigrotta a music festival held yearly in Naples
Piemonte *m.* Piedmont
piemontese Piedmontese
pienezza fullness
pieno full, covered
Piero della Francesca a Renaissance painter from Arezzo
pineta pine forest

pioggia rain
pioniere *m.* pioneer
piroscafo ship
Pisa city in central western Italy
piscina pool
pittore *m.* painter
più more, most; **più che altro** more than anything else
piuttosto rather
Po the largest river of Italy
poco (po') little, *pl.* a few; **a poco a poco** little by little; **un bel po' di tempo** for some time
podere *m.* farm
poesia poem, poetry
poi then, later; **o prima o poi** sooner or later
polacco Polish
politica politics, policy
politicamente politically
politico political
polizia police
Polonia Poland
pontificio pontifical, papal; **Stati Pontifici** Papal States
pontile *m.* wharf; **pontile di sbarco** landing-wharf
popolare popular; *v.* to populate
popolarità popularity
popolazione *f.* population
popolino the poor people
popolo people
posare to place, set, rest
porre (posi, posto) to place, to put
portare to bring, to lead, to carry, to take
porto port
portoghese Portuguese
posizione *f.* position
possedere to own, possess
possibilità possibility
posta mail
posto place
potente powerful
potenza power
potere to be able, can; *n.* power
povero poor; *n.* poor man
povertà poverty
pranzo dinner
pratico practical
precario precarious
precedente preceding
precedere (*past part.* **preceduto)** to precede
precipitare to fall
precisamente precisely, exactly
preciso precise, orderly
preferire to prefer
prefettura prefecture
preistorico prehistoric
preludio prelude
prendere (presi, preso) to take, get, seize; **prendere alla lettera** to take literally
preparare to prepare
presentare to introduce, to present
presiedere to preside
pressappoco just about
pressione *f.* pressure
presto early, soon
pretendere (pretesi, preteso) to pretend, ask, demand
pretesto pretext
prevalentemente prevailingly
prevalere to prevail
previsione *f.* forecast
prezzo price
prima first, before, earlier; **o prima o poi** sooner or later; **prima che** before; **da prima** at first
primavera spring
primo first
principalmente principally
principato principality
principio principle, beginning
Proca a descendant of Aeneas
procedere to proceed
processo process
procurarsi to secure

prodotto product

produrre (produssi, prodotto) to produce

produzione *f.* production; **produzione a serie** assembly line production

professionista professional

profondamente profoundly, deeply

profondo deep

prọfugo refugee

programma program

proibire to forbid

promesso promised

promontọrio promontory

promulgare to promulgate

pronụnzia pronunciation

proporre (proposi, proposto) to propose

proporzionale proportional

proporzionato proportionate

proporzione *f.* proportion

propọsito purpose; **a propọsito** concerning, by the way

prọprio proper, own; *adv.* exactly

proseguire to continue

prosperità prosperity

prọspero prosperous

prospettiva perspective

protẹggere (protessi, protetto) to protect

protettore protector; **santo protettore** patron saint

prova proof

proveniente coming from

provenienza origin

provenire to come from

provịncia province

provvedere to provide

psichiatra *m.f.* psychiatrist

pubblicare to publish

pubblicità publicity

pụbblico public

Pụglia (Le Pụglie) a region of southeastern Italy

punta tip, point; **ora di punta** rush hour

punto point; **punto di vista** point of view

pure also, although

Q

qua here

quadrato square

quadro picture

qualche some

qualcosa something

quale which, what

qualità quality

qualsịasi any

quando when

quantità quantity

quanto how much, how, as much as; **quanto a . . .** as for . . . ; **a quanto pare** it seems

quasi almost

quello that; **quello che** that which

questo this

qui here

quindi then, therefore

Quirinale Quirinal

R

racchiụdere (racchiusi, racchiuso) to contain

raccolta collection

raccontare to tell, recount

racconto story, tale

radice *f.* root

rafforzato strengthened

raggiụngere (raggiunsi, raggiunto) to join, to overtake, to reach

ragguardẹvole considerable

ragione *f.* reason; **aver ragione** to be right

ragionẹvole reasonable

rallentare to slow down

rappresentante representative

rappresentare to represent

rappresentazione *f.* representation

raramente rarely

raro rare

rassegnazione *f.* resignation

rassomigliare to resemble

Ravenna city on Adriatic south of Venice

razza race, breed

re *m.* king

realizzare to realize

realtà reality; **in realtà** really

Rea Silvia Rhea Silvia

recarsi to go, betake oneself

recentemente recently

reddịtizio profitable

rẹddito income

redentore *m.* redeemer

regale regal, royal

Rẹggio Calạbria the principal city of Calabria on the southwestern tip of the Italian peninsula

regista *m.* movie director

regnare to rule

regno kingdom, reign

regolamento regulation

regolare regular

regolarità regularity

relazione *f.* relation

religioso religious

Remo Remus

rẹndere (resi, reso) to render; **rẹndersi conto** to realize

repụbblica republic

repubblicana republican

residente residing

residenza residence

resịstere to resist

resoconto report

responsạbile responsible

responsabilità responsibility

restare to remain

restaurare to restore

resto rest; **del resto** after all

rete *f.* net, network

riacquistare to acquire again

riassụmere to sum up

ricadere to fall again

ricchezza wealth

ricco *adj.* rich; *n.* rich man

ricerca search, research

ricẹvere to receive

richiẹdere (richiesi, richiesto) to require

richiesta request

ricominciare to begin again

riconọscere to recognize, to discover

riconoscimento acknowledgment

riconquistare to reconquer

ricordare, ricordarsi to remember, to recall

ricordo souvenir, remembrance

ricọrrere to recur

ricostituire to reconstitute

ricostruire to reconstruct

ricostruzione *f.* reconstruction

ridịcolo ridiculous

ridurre (ridussi, ridotto) to reduce

riduzione *f.* reduction

riempire to fill, to fill again

riflesso reflection

rifondare to reestablish

riforma reformation, reform

rifugiarsi to take refuge

rigidità rigidity

rilasciare to release

rimanere (rimasi, rimasto) to remain

rimẹttere to put again; **rimẹttere in piedi** to put back on its feet

rimpiazzare to replace

Rinascimento Renaissance

rinạscita rebirth

rinomato renowned

rinunciare to renounce

rione city district

ripẹtere to repeat

riporre (riposi, riposto) to put away, store

riprẹndere (ripresi, ripreso) to resume

riproduzione *f.* reproduction

risạia rice field

risalire to go back, to date back

risaputo well known

riscontrare to check, find

riscoprire to rediscover

riso rice
risolto resolved
Risorgimento revival, the Risorgimento
risorsa resource
rispettivamente respectively
rispetto respect
risplendente shining
rispọndere to reply, to answer
risposarsi to get married again
risposta answer
ristabilire to reestablish
ristretto narrow, limited
risultare to result
risultato result
ritenere to deem, to hold
ritmo rhythm
ritornare to return, to revert
ritorno return
ritratto portrait
ritrovare to find again, to encounter, to meet
riuscire to succeed
riva shore, bank
rivelare reveal
riversarsi to pour, flow
rivista review, magazine, journal
rivịvere to live again
rivolto turned toward
rivoluzionare to revolutionize
rivoluzione *f.* revolution
rocca *f.* stronghold
Romagna a region of Italy in the southeast part of the Po valley
romạncio Romansh
romanesco of modern Rome, *n.* Roman dialect
Romania Rumania
romạnico romanesque
romanità Roman spirit
romanticamente romantically
romanza aria
romanziere *m.* novelist
romanzo novel, romance; *adj.* romance
Rọmolo Romulus
Rọmolo Augustolo Romulus Augustulus
rọseo rosy
rovesciarsi to pour over, burst over
rovina ruin
Rubicone *m.* Rubicon
rụdere *m.* ruin
rupe *f.* cliff, rock
rụvido gruff, rugged

S

sabbioso sandy
Sabino Sabine, an ancient people who inhabited central Italy
saccheggiare to sack
sacerdotessa priestess
sacro holy
sacrosanto sacrosanct
saggezza wisdom
sala room
Salạria; Via Salạria one of ancient Rome's famous highways
sale *m.* salt
Salerno city south of Naples
salire to go up, to climb
salsịccia sausage, bologna
saltare to jump
salvaguardare to safeguard
salvare to save; **salvarsi** to save oneself
san, santo saint; **santo protettore** patron saint
San Marino the oldest and smallest republic in the world, located in central Italy
sangue *m.* blood
Santa Maria degli Ạngeli a church in Rome
Sant'Efịsio patron saint of Sardinia
Sant'Ẹlena Saint Helena
sapere (seppi, saputo) to know
Sardegna Sardinia
sardo Sardinian
sarto tailor
sasso stone, pebble

Savọia Savoy
sbarco landing
sboccare to flow into, come out into
scala ladder
scalare to scale
scampagnata a trip into the country; **fare una scampagnata** to go on a picnic
scandịnavo Scandinavian
scappata, fare una scappata to drop in
scarso scarce, rare
scạtola box, can
scaturire to gush forth
scẹgliere (scelsi, scelto) to choose
scelta choice
scẹndere (scesi, sceso) to descend, come down, get off
scientificamente scientifically
scienziato scientist
Scilla e Cariddi Scylla and Charybdis
scoglioso rocky
scomparire (scomparvi, scomparso) to disappear
scomparsa disappearance
sconfịggere (sconfissi, sconfitto) to defeat
sconosciuto unknown
scopo purpose
scoppiare to burst
scoprire (scopersi, scoperto) discover
scọrrere (scorsi, scorso) to flow
scorso last, past
scrittore *m.* writer
scrịvere (scrissi, scritto) to write; **mạcchina da scrịvere** typewriter
scrollata shrug
scultore *m.* sculptor
scuola school
se if, since
sebbene though, although
seccatura bother
secolare secular, century-old
sẹcolo century
secondạrio secondary
secondo second, according to; *n.* second
sede *f.* seat
sedile *m.* seat
seduto seated
segnare to mark
segretạrio secretary
segreto secret
seguace follower
seguente following
seguire to follow
Seicento the 17th century
selvạggio savage
selvạtico wild
sembrare to seem
seme *m.* seed
sẹmplice simple
semplicemente simply
sempre always
senato senate
senso sense, direction
sentimento feeling
sentire (sento, sentito) to feel, to experience, to listen, hear; **sentirsi** to feel oneself
senza without
separare to separate
sera evening
seriamente seriously
sẹrie, produzione a sẹrie assembly line production
sẹrio serious
servire to serve; **servirsi** to make use of, to use
servịzio service
servo servant
Settecento the 18th century
settentrionale northern
sezione *f.* section
sfidare to challenge, defy
sfọggio display; **fare sfọggio** to show off
sfortunatamente unfortunately
sforzo effort
sfuggire to escape
sguardo look
siccome since

Sicilia Sicily; **il Regno delle due Sicilie** the kingdom of the two Sicilies
sicuro sure
siderurgico steel, of steel
significare to mean
significato meaning
Sila a mountain region of Calabria
simbolico symbolic
simbolo symbol
simile similar, alike
simmetrico symmetrical
singolare unique, singular
singolo single
sinonimo synonym
Siracusa Syracuse
sistema *m.* (*pl.* **sistemi**) system
sistemazione *f.* arrangement
situato situated
situazione *f.* situation
smettere (smisi, smesso) to stop, to cease
snello slender
socialmente socially
società society
sociologo sociologist
soddisfatto satisfied
soddisfazione *f.* satisfaction
sofferenza suffering, agony, tribulation
soffice soft
soffocare to suffocate
soffrire to suffer
soggiorno stay
sognare to dream
sogno dream
solamente only
soldato soldier
soldo cent, penny; *pl.* money
sole *m.* sun, sunshine
soleggiato sunny
solenne solemn
solido solid
solito usual; **di solito** usually; **al solito** as usual
solo alone, only; *adj.* single, one; **da solo** by oneself
soltanto only
soluzione *f.* solution
somigliante resembling
somma sum
sommità summit
sonno sleep
sonnolenza sleepiness
sopportabile bearable
sopra above, over
sopravvivere to survive
sorgere (sorsi, sorto) to arouse, arise
sorpassare to exceed, overtake
sorprendente surprising
sorso sip
sorveglianza surveillance
sorvegliare to watch
sospettare to suspect
sostanza substance
sostanzialmente substantially
sostenere to maintain, support, sustain
sostituire to substitute
sotto under, below
sottolineare to underline
sovranità sovereignity
sovrano sovereign
sovrapposto placed upon
Spagna Spain
spagnolo Spanish, Spaniard
spargersi to spread
sparire to disappear
sparso scattered
spaziale spacious
specchio mirror
specialità specialty
specializzato specialized
specialmente especially
specie *f.* kind
spendere (spesi, speso) to spend
sperare to hope
sperperare to waste
spesa purchase, expense
spesso often
spettacolo spectacle, sight, performance
spettare to belong

spettinato uncombed
spiạggia beach
spiegare explain
spiegazzato crumpled
spietato pitiless
spina dorsale backbone
spịngere (spinsi, spinto) to push; **spịngersi** to reach
spiritualmente spiritually
Spoleto a city in central Italy, once a seat of Longobard power in Italy
spontaneamente spontaneously
sporta shopping bag
sposare to marry; **sposarsi** to get married
spostare to move; **spostarsi** to move
squạllido squalid
stabilire to establish; **stabilirsi** to settle
stabilità stability
stagione *f.* season
stampare to print
stanco tired
stare to be, stay, remain; **stare a** it is up to
staterello little state
stato state; **Stati Uniti** United States
stazione *f.* station; **stazione balneare** seashore resort
stẹndersi to stretch out
stesso same, self, itself
stile *m.* style
stịmolo stimulus
stivale *m.* boot
stọico stoic
stonatura false note
stọria story, history
stọrico historical, *n.* historian
strada street, road
stradale of the road; **rete stradale** road network
strage *f.* slaughter
straniero foreigner
strano strange, odd, peculiar
strato layer
stretto *n.* strait, *adj.* narrow
stridente strident, jarring
Strọmboli volcano on the island by the same name, north of Sicily
strumento instrument
struttura structure
stụdio study
studioso scholar, expert
su on, above, over
subire to undergo
sụbito at once, immediately
succẹdere (successi, successo) to succeed, happen
succintamente succinctly
sud *m.* south
suddivịdere (suddivisi, suddiviso) to subdivide
suddivisione *f.* subdivision
suffrạgio suffrage, vote
suol (from **solẹre**) to be wont to; **come si suol dire** as one is wont to say
suolo soil
suonare to sound, to ring
suono sound
superare to exceed
superfịcie *f.* surface
superiorità superiority
suscitare to awaken
susseguirsi to follow each other; *n.m.* sequence
sussịdio subsidy
sussịstere continue to exist
svago amusement, game
sviluppare to develop; **svilupparsi** to develop
sviluppo development
svọlgersi (svolsi, svolto) to take place, unfold

T

tacco heel
tale such
tanto so much, such; **tanti (-e)** many, so many

Taranto a coastal city in southern Italy on the "instep" of the boot
tardi late
targa plate
Tarpeo Tarpeian
tasca pocket
tassa tax
tassì *m.* taxi
tavola table
Tavoliere delle Puglie a large plain in the Puglie region
tavolino table
teatro theater
tecnico technical
tedesco German
tempo time, weather
tenacemente tenaciously
tendere (tesi, teso) to tend
tenere to keep; **tenere conto** take into account
tentare to try
tentativo attempt
tenue thin, tenuous
Teodorico Theodoric
teoreticamente theoretically
terme baths, hot springs
termine *m.* term, end; **venire a termine** to come to an end
terra earth, land
terreno land, soil
territorio territory
tessuto textile
testa head
testimonanzia testimony
Tevere *m.* Tiber
tipo type
tirreno Tyrrhenian
titolo title
Tivoli city near Rome
togliere (tolsi, tolto) to remove, take away
topograficamente topographically
Torino Turin
tornare to return, to turn
torre *f.* tower
torto, aver torto to be wrong
Toscana Tuscany
toscano Tuscan
totalmente totally
tra between, among
tracciare to trace
tradurre (tradussi, tradotto) to translate
tradizionalmente traditionally
tradizione *f.* tradition
tramandare to transmit
tramonto sunset
trascrivere (*conj. like* **scrivere)** to transcribe
trasferire to transfer; **trasferirsi** to move
trasformazione *f.* transformation
trasmissione *f.* broadcast
trasporto transportation
trattare to treat, to deal with
tratto, ad un tratto suddenly; *n.* trait
trattore tractor
traversare to cross
travolgente sweeping, overwhelming
Trecento the 14th century
treno train
Trento Trent
triangolo triangle
tribù *f.* tribe
Troia Troy
troiano Trojan
trono throne
troppo too, too much
trovare to find
truppa troop
turismo tourism
turista *m.f.* tourist
turistico touristic

U

ubriacarsi to get drunk
uccello bird
uccidere (uccisi, ucciso) to kill

ufficiale official
ufficio office
Ulisse Ulysses
ulivo olive tree
ultimo last
umanamente humanly
umanità humanity
umano human
Umbria a region of Central Italy
unico sole, only one, single, unique
unificare to unify
unificazione *f.* unification
uniformità uniformity
unità unity
unito united
università university
universitario of the university
uomo man; **uomini** men; **uomo di stato** statesman
urbe et orbi to the city and to the world

usanza *f.* habit, custom
usare to use
uscire to leave, go out, come out
utile useful
uva grape

V

vagone *m.* train-car
valigia suitcase
valle *f.* valley
valore *m.* value
valoroso brave, valiant
variare to vary
variazione *f.* variation
varietà variety
vario different; *pl.* several, various
vasto large, vast
vedere (vidi, veduto or **visto)** to see
vegetazione *f.* vegetation
veloce speedy, quick
velocità velocity, speed
vendicare to avenge; **vendicarsi** to avenge oneself
vendita sale
venerare to worship, venerate
venerazione *f.* veneration
Venere Venus
Veneto a region of Northeastern Italy
Venezia Venice, Venetia; **Venezia Euganea** Euganean Venetia; **Venezia Giulia** Julian Venetia
veneziano of Venice, Venetian
venire to come; **venirsi** + *gerund* = they have been + *present participle*, **si è venuto costruendo** they have been building; **venire** + *past participle*, **viene parlato** is spoken
vento wind
veramente truly, really
Vercelli a city in Piedmont
vero true, real
Verona a city in Northern Italy
versante *m.* slope
versare to pour
verso towards
Vespa wasp, brand name of an Italian motorscooter
Vesta Vesta, an ancient Roman goddess
vestigio (*pl.* **vestigia**) vestige
vestito dressed; *n.* suit
Vesuvio Vesuvius
vetrata large window
vetrina shop window
vetro glass
vetta summit, peak
vi there
via street, road, way; **così via** and so on
viaggiatore traveler
viaggio trip, voyage
Via Veneto a famous street in Rome
vicinanza proximity
vicino near, near by *m.* neighbor
vigneto vineyard
vigoroso vigorous

Villa d'Este a famous Renaissance Villa in Tịvoli, near Rome
villạggio village
vịncere (vinsi, vinto) to win, to overcome, to conquer
vino wine
violenza violence
visitare to visit
visitatore *m.* visitor
visivo visual
vista view
vistoso showy
visualmente visually
vita life
vite *f.* grapevine
vitello veal
vitto food
Vittọrio Victor
vịvere (vissi, vissuto) to live
vịveri *m. pl.* victuals
vivo alive
vịzio vice
vocabolạrio vocabulary
vocazione *f.* vocation
volere to want; **volere indicare** to intend to point out; **voler dire** to mean; **volerci** to take
vọlgere (volsi, volto) to turn
volo flight; **a volo d'uccello** a bird's eyeview
volta time, vault, turn; **una volta** once
Volturno a river in Southern Italy
volume *m.* volume, book
votare to vote
vulcạnico volcanic
vuoto empty

Z

zio uncle